速煮面加工实用技术

SUZHUMIAN JIAGONG SHIYONG JISHU

潘国强　王爽秋　张勋｜编著

河南大学出版社
HENAN UNIVERSITY PRESS

·郑州·

图书在版编目（CIP）数据

速煮面加工实用技术 / 潘国强，王爽秋，张勋编著 . — 郑州：河南大学出版社，2018.11
ISBN 978-7-5649-3556-6

Ⅰ. ①速… Ⅱ. ①潘… ②王… ③张… Ⅲ. ①方便面－食品加工－生产工艺－高等职业教育－教材 Ⅳ. ①TS217.1

中国版本图书馆CIP数据核字（2018）第260398号

责任编辑	阮林要
责任校对	林方丽
封面设计	高枫叶

出　版	河南大学出版社		
	地址：郑州市郑东新区商务外环中华大厦2401号	邮编：450046	
	电话：0371-86059701		
	网址：www.hupress.com		
印　刷	郑州市毛庄印刷厂		
版　次	2019年3月第1版	印　次	2019年3月第1次印刷
开　本	710mm×1000mm 1/16	印　张	7.25
字　数	117千字	定　价	20.00 元

（本书如有印装质量问题，请与河南大学出版社联系调换）

前　言

　　主食产业化的规模和质量，是一个国家经济社会发展水平的标志之一。在当前我国经济社会持续稳定发展和城镇化进程加快的新形势下，城乡居民生活节奏加快，家务劳动社会化程度日益提高。人们一日三餐的食材也由家庭自制为主逐步转变为工业化生产、社会化供应，从而对工业化食品形成了巨大的社会需求和广阔的市场空间。鉴于此，占食品加工业重要地位的主食面条市场，也面临新的机遇和挑战。其主要表现是，主食面条的消费需求由单纯的果腹向营养、美味和特色化转变。消费者要求市场提供的主食面条产品，不仅要安全、健康、风味多样化，而且是要具备较高的食用品质、烹饪简捷省时的预包装餐厨食材。这一市场预期意味着，主食面条市场的供给侧结构升级正当其时。

　　速煮面亦称快熟面（quick cooking noodles），是一种借鉴非传统通心面制造技术生产的面条新品种。速煮面是以小麦粉为原料，采用真空和面与真空挤出技术，对高持水量的面团进行科学调理，充分熟化，优化压延成型，经蒸煮使淀粉高度糊化，再经脱水处理的面条制品。在当今国际贸易和食品工业面制品分类上，速煮面已成为一种独具特色、自成门类的面条制品而跻身于主食面条市场。毋庸置疑，随着城镇化水平的逐步提高和城乡居民生活条件的日益改善，速煮面将颠覆挂面在主食面条市场上一枝独秀的格局。换言之，速煮面必将成为未来主食面条市场的主导产品。

　　本书依据现代食品营养学和烹饪化学的基本原理，科学地阐明了速煮面的商品属性和质量要素；以严谨的数据资料，系统地阐述了速煮面加工的基本原理和工艺流程，图文并茂地描述了速煮面自动化生产线的设备配置、运行机制和操作规程；并就速煮面工厂建设提出了完整的规划设计方案和工程项目实施方案，为速煮面工厂的质量技术管理基础工作提供了规范的管理软件。

本书旨在普及小麦粉深加工，尤其是主食面条加工领域的科技知识，推广预包装主食面条新品种及其加工技术。速煮面加工技术的推广应用，不仅为小麦粉的深加工拓宽了途径，而且能够为引导传统制面行业技术进步，推动面条市场供给侧结构性改革，从而推进主食面条市场转型升级提供有效的技术支撑。

本书题材新颖，资料翔实，数据严谨，切合实用。本书既可作为面制品加工业管理人员和技术人员的参考书，亦可作为职业院校相关专业的通识性教辅资料，尤其对于产业兴农项目和"新农民新技术创业创新工程"的实施，不失为一本适用的科普读物。

鉴于笔者专业知识水平有限，书中当有尚未发现的讹误之处，恳请方家斧正并不吝赐教。（E-mail：chinazzwsq@163.com）

编者

二〇一八年十月

目　　录

第一章　概论 ... 001
第一节　中国古代面条史话 ... 001
第二节　近现代面条概览 ... 008
第三节　速煮面开创未来主食面条市场新局面 ... 016

第二章　原辅材料 ... 020
第一节　小麦粉 ... 020
第二节　食用盐　食用碱 ... 025
第三节　制面用水 ... 027

第三章　速煮面生产工艺与设备 ... 031
第一节　速煮面生产工艺 ... 031
第二节　速煮面生产线的设备配置 ... 038
第三节　包装工艺与设备 ... 078

第四章　工厂设计与建设项目管理 ... 083
第一节　速煮面工厂设计 ... 083
第二节　生产设施建设中的有关技术问题 ... 088

第五章　质量技术管理的若干基础工作 ………… 094

第一节　产品标准 ……………………………… 094
第二节　产品标签 ……………………………… 097
第三节　质量安全管理软件 …………………… 100
第四节　申办生产许可 ………………………… 103

参考文献 ……………………………………………… 107

第一章　概论

第一节　中国古代面条史话

中国面条的起源与发展史,几乎就是小麦食文化的历史。以小麦粉为主要原料加工而成的面条,奠定了广袤的中华大地这个世界第一面食王国不可撼动的基石。其原因之一,是从社会学的角度分析,面条作为中国面食文化的一个重要组成部分,适应了幅员辽阔的中华大地的地理、物候等自然条件,契合了中国厚重历史文化的发展步伐。其原因之二,是从现代食品科学的角度分析,粮食类食品是人类最重要的营养源,而小麦粉有着其他谷物望尘莫及的优势。研究数据表明,小麦粉蛋白质的含量是大米的2~3倍,玉米粉的2倍左右;而其钙含量为大米的4倍、玉米粉的8倍以上。历代先民们在这片土地上生活、劳作、繁衍生息,小麦粉是补充能量、维系生命的首选。于是,以小麦粉为原料制作的面食,就成为绝大多数人必需的主食。从而,小麦种植技术、面粉加工技术、面食烹饪技术当为全社会必有的基本技能。

鉴于此,我们探讨中国面条的起源、沿革与发展,应当以小麦种植业的发展、面粉加工技术的发展和面条加工技术的发展等三个方面的史料为研究素材。

一、中国古代小麦种植规模

小麦，这种曾经改变人类文明进程的作物，在中国拥有世界上最广泛的种植面积。就中国古代社会而言，小麦也是最重要的粮食作物之一。

仰韶文化遗址等大量的考古研究成果表明，我国黄河流域种植小麦的历史至少可追溯到4500年前。到了3000年前的商周时期及至秦汉以降，小麦种植的地域和规模已相当大了。《汉书·食货志》记有汉武帝重臣董仲舒语："圣人于五谷最重麦与禾也。"北魏农学家贾思勰所著《齐民要术》成书于公元533～544年，是我国完整保存至今的最早的一部古农书与古食书。书中引载了东汉政治家崔寔记载农作物种植方法的著作《四民月令》中的部分内容，其中清楚地列出当时小麦的8个品种。

据《新唐书·地理志》记载，在唐代，小麦被定为各州郡向朝廷进贡的主要粮食品种之一。

到了近古时期，随着社会生产力的发展，农作物种植面积相应增加。清朝史籍显示，"康乾盛世"期间全国耕地面积已达八亿九千万亩以上，小麦收成随之大幅提升。从而为面制食品的发展提供了不可或缺的物质条件。

二、中国古代的面粉加工业

河北、陕西等地文物考古成果表明，战国时期已经有了旋转石磨，使人们从《诗经·大雅·生民》所描述的"或舂或揄""或簸或蹂"，即用臼杵粉碎麦粒的笨重劳动中解脱出来，使小麦的精细食用成为可能。西汉中山靖王刘胜墓葬中不仅发掘出完整的配有料斗的石磨，而且石磨旁还有拉磨牲畜的遗骸。说明当时以畜力拉磨加工面粉已十分普遍。南北朝时期的科学家祖冲之（公元429～500年）发明了以水流作动力的"水碓磨"，首开利用水力加工面粉之先河。同朝代吴均（公元469～519年）著名的骈文《饼说》中，有"安定噎鸠之麦，洛阳董德之磨"句，说明当时的面粉加工已讲究原料产地和加工器具（或加工作坊）的"品牌"了。

湖北云梦秦墓出土的竹简中有一款《仓律》："麦十斗，为䵄三斗。"东汉文字学家许慎《说文解字》对"䵄"的注释是："麥覈屑也。"由此证明，当时已有了将麦麸与面粉分开的工具,并且人们对磨面的出粉率有所关注。北魏农学家贾思勰在《齐民要术》中,则多处提到磨面时要"绢罗之""细绢筛"。

自隋唐以降,小麦粉加工器具不断改进,面粉加工业逐渐形成产业并颇具规模,小麦粉质量进一步提高。如唐朝史籍记载,唐都长安有专门从事磨面业的"皑户",市上有专营面粉的"麸门";在幽州等城市成立有磨面业的行会组织"磨行"。《旧唐书·高力士传》记载,大宦官高力士除在长安城内经营粮食加工作坊外,还在长安城外"截沣水作碾,并转五轮,日碾麦三百斛"。宋代的磨面业在唐朝的基础上有所发展。孟元老《东京梦华录·卷三》记载,北宋汴京每日五更一过,面粉商贩便涌入城内,"其卖麦面,每秤作一布袋,谓之一宛;或三、五秤作一宛。用太平车或驴马驮之,从城外守门入城货卖,至天明不绝"。南宋人洪迈所撰《夷坚志·卷八》记述北宋汴京许姓磨面商户的发迹史:"世以鬻面为业,……增磨坊三处,买驴三四十头。市麦于外邑,……致富矣。"另如元代农学家、印刷专家王祯所著《农书·农器图谱》中,图文并茂地讲解了"水磨""水转连磨""水击面罗"等多种以水流为动力的面粉加工机械。其中"水击面罗"注:"筛面甚速,倍与人力。"可见这种机械已达相当高的技术水平。再如明末科学家宋应星在其工农业技术专著《天工开物·攻麦》中,对石磨、罗等磨面机具的构造、材质都做了深入研究。同时对面粉的保质期也有初步的研究:"凡面既成后,寒天可经三月,春夏不出二十日则郁坏。为食适口,贵及时也。"

与此同时,古代人们对面粉的细度、白度等质量指标也早有关注。晋朝人束皙著名散文《饼赋》中,有"重罗之面,尘飞白雪"句,形容用罗重复筛取的面粉更细更白。此后自隋唐到清代,上层社会对面粉细度和白度的追求达到极致——从"重罗白面"进而到"飞面",即先用粗罗到细罗逐步筛取细面,然后专门扫取飘洒在面堆周围的极细面粉。这种"重罗白面"和"飞面"的制作和使用屡见诸古籍之中。如隋末唐初虞世南编纂的大型类书《北堂书钞》所辑弘君举《食檄》中记有"当用轻羽,拂取飞面"的技法。又如明朝田艺蘅的笔记《留青日札》记载,当时的磨坊往往以"重罗白面"作为招牌。再如清代无名氏根据盐商童岳荐的饮食著述编写的《调鼎集》中,多处提到使用"飞面"制作面食的方法。

三、面条的起源、沿革与发展脉络

借助中国古代特别是近古时期的烹饪文化典籍,能够梳理出中国面条的起源、沿革和发展脉络,大致经历了如下三个阶段:一是汉代以前的"汤饼""索饼"阶段,这个阶段的面条实际上是手工成型的,具有不规则形状的面片;二是汉魏晋之后的"水引""馎饦"阶段,这个阶段的面条已成为讲究宽、窄、厚、薄的真正意义上的"手工拉面";三是自隋唐延宕至整个近古时期的手抻面和切面并行阶段,这个阶段的面条制作技术已趋于成熟。

1. 面条起源于"饼"

东汉训诂学家刘熙《释名》有论:"饼,并也。溲面使合并也。"这说明在汉代以前,"饼"是一切以小麦粉为原料的片状食品的统称。可以想见,在几千年前没有机刀的时代,一切面制食品无疑只能靠手掌和手指成型。《释名》中记载有"索饼""汤饼"等多种"饼"的名称,这应是中国早期面条的雏形。

晋朝人束晳在《饼赋》中记载有多种"饼"的成型方法和蒸煮工艺。其中在"玄冬猛寒,清晨之会"中用以"充虚解战"的"汤饼",显然是将手工成型的面片下入沸水煮熟,然后连汤带面一起吃的。这一说法在南朝·宋·刘义庆撰写的古小说集《世说新语》中有所印证。《世说新语·容止》记有一则趣闻:"何平叔美姿仪,面至白。魏明帝疑其傅粉,正夏月,与热汤饼。既啖,大汗出,以朱衣自拭,色转皎然。"这则趣闻佐证了一个事实:在当时"汤饼"已成为人们惯常的餐食。

2. 手工抻面技法的进步

魏晋南北朝时期,制面技法有显著提高。其标志是从之前笼统的"饼"到讲究宽窄厚薄,也即真正意义上的面条已经出现。北魏贾思勰《齐民要术》之《饼法》卷载有"水引馎饦法"两段。其一是"水引"的制法:用冷肉汤汁调和细面粉,"挼如箸大,一尺一断,盘中盛水浸,宜以手临铛上,挼令薄如韭叶,逐沸煮"。其二是"馎饦"的制法:先用冷肉汤汁调和细面粉，然后将揉好的面团"挼如大指许，二寸一断，著水盆中浸，宜以手向盆旁，挼使极薄。皆急火逐沸熟煮。非直光白可爱，亦自滑美殊常"。从两段文字可以看出，在不使用机刀的条件下，一种工艺是，用手在面盆旁将面团按捏成薄片，随即入锅沸煮；另一种工艺是，先将面团做成粗条放在水中浸一段时间，然后再拉长捏薄形成宽面条。显然，这里已经有了先"制坯"后"抻面"的工艺。

值得提及的是，从"饼"到面条的沿革过程中，"饼"的形状虽然不断改变，但"饼"的名称被沿袭保留下来。明代蒋一葵《长安客话·卷二·饼》有论："水瀹而食者皆为汤饼。"另据史料记载，南北朝北齐开国皇帝文宣帝喜得贵子，以"汤饼"宴群臣。《新唐书·后妃传》记载，唐玄宗皇后王氏曾亲手为皇上制作"生日汤饼"。这种把"汤饼"作为"长命面"的民俗自古代一直流传至今。在20世纪50年代出版的民间应用文大全《尺牍》中，列举新生儿"过百天"请亲邻"吃喜面"，请柬的写法仍然是"某月某日汤饼候光"。

3. 面条制作技术的成熟阶段

自隋唐五代至宋元明清，随着生产力的发展和社会的进步，面制品加工技艺产生了突破性的进步，新品种大量涌现。面条从"饼"的统称中逐渐分离出来而自成体系，并有了"面"的称谓。

（1）手工抻面技术达到较高水平

隋末唐初虞世南编纂的大型类书《北堂书钞》中辑有一种水引面的制法，要求和面"刚软中适，然后水引，细如委綖，白如秋练"。宋代的烹饪技法集《浦江吴氏中馈录》记有"水滑面方"："用十分白面，揉溲成剂，……其面性发得十分满足，逐块抽拽，下汤煮熟。抽拽得阔薄乃好。"元代无名氏编纂的家庭日用大全式通书《居家必用事类全集·饮食类》中载有"托掌面"的制法："头白面，凉水入盐、碱和成剂。停一时，再搜和。至面性行，搓成弹子，……以骨榾槌碾如盏口大，以薄为妙。煮熟……"明代宋诩《宋氏养生部·卷二》详细记述了"扯面"的制法："用少盐入水和面，……夏月以油纸微覆一时，冬月覆一宿余，分切如巨擘。渐以两手扯长，缠络于直指、将指、无名指之间，为细条。先作沸汤，随扯随煮，视其熟而浮者，先取之。"清代饮馔工具书《调鼎集》中，记载有"水滑扯面""捏面"等多种面条成型技法。其中"捏面"："兰州人做面，以上白面用蛋清揉入，工夫最久，用指尖随意捏成细条，长丈余而不断，亦绝技也。"晚清薛宝辰编著的《素食说略》中，记述了"托面""抻面"等多种面条的成型技法。其中"桢条面"的制法是："其以水和面，入盐、碱、清油揉匀，覆以湿布，俟其融合，扯为细条，煮之。"

归纳上述关于手抻面技法的描述可以看出，这一时期手抻面的技术已颇具章法。同时可以看出，当时人们已掌握了和面时使用盐、碱作面品改良剂的技术和面团静置熟化（饧面）的技术。毋庸置疑，这些技术在面条发展史上都具有重要而深远的意义。

（2）擀面杖、切刀、挤出机（饸饹机）等机具应用于面条成型

2002年，青海喇家遗址发掘出4000年前的小米面条，其制作方法至今令学者们存疑。借助擀面杖、切刀等工具制作面条，当始于唐代。五代后唐年间冯贽编撰的异闻录《云仙杂记·卷八》："并、代（按：今山西太原一带地名）人喜嗜面，切以吴刀，淘以洛酒。"南宋建州麻沙书坊陈元靓记录当时社会生活的著作《事林广记》中，有"依常法擀切"云云。元代《居家必用事类全集》在描述"经带面"的制法时说："擀至极薄，切如经带样。"元代著名画家倪瓒所撰《云林堂饮食制度集》中记载"煮面"的成型方法是"擀切"。明代宋诩《宋氏养生部》明确记述"鸡面""鸡子面"的制作工艺都是擀切成型。前者为："用饽轴开薄，转折，细切为缕。"后者为："轴开薄用，摺而切如细缕。"清代同治年间在新疆为官的萧雄在《新疆杂述诗·饮食卷》自注中有"间亦切面成丝，或手牵作片，煮与炒不拘也"的记述。上述史籍充分说明，在面条成型方法上，手工抻面与擀切成条并行的格局自古代早已形成。

此外，元代王祯所撰《农书》中有应用"河漏床"挤压面团制作"河漏"（即饸饹面）的详细记述。这种用挤出法制作面条的工艺和器械一直沿用至今，除挤出机的材质由木料改为金属外，几无实质性革新。

（3）面团调理技术达到相当高的水平

元代画圣倪瓒《云林堂饮食制度集》详细记述了制作"煮面"的面团调理过程："如午间要吃，清早用盐水溲面团。捼三二十次，以物覆之。少顷，又捼团如前。如此捼团数四。"同样成书于元代的《居家必用事类全集》，则记载了用压面杠替代徒手压轧面团的技法。该书记载"水滑面"的面团调理方法时说："以拳揉一、二百拳。如此三四次，微软如饼剂。就案上，

用一拗棒纳百余拗。如无拗棒，只多揉数百拳。"该书记载"经带面"的面团调理过程时说："……以拗棒拗百余下，停一时许，再拗百余下。"

另据报道，有学者对敦煌石窟一幅壁画进行研究，推测为两人执杠压面图，而非推磨图。若这一推断成立，则国人用杠子压面的历史可以从上述的元代推移到唐代之前。

众所周知，这种对面团反复揉、搓、碾、轧，并多次静置熟化的工艺，至今仍是制面工艺流程中面团调理的核心技术。

（4）面条发展史上的重大事件——挂面的出现

明代蒋一葵《长安客话·卷二·饼》指出："水滑面、切面、挂面亦名索饼。"可见在古代，"索饼"是对包括挂面在内的多种面条的泛称。在盛唐时期，日本先后十数次派"遣唐使团"来中国，大规模汲取中华文化。其间将包括"索饼"在内的多种面食及其制作技术带回日本。据日本学者田中静一《中国料理及食物传至日本的由来》记述：公元801年（唐德宗贞元年间）日本天皇赐宴第十七批遣唐使团，筵席采用中国款式，其中就有"索饼"等食品。而多项研究表明，唐代传入日本的"索饼"，既包括了湿面条，也包括了干面条。换言之，挂面在唐代已经出现并与手抻面、切面一起东传日本是不争的事实。当代学者对敦煌地区民俗文化的研究，也印证了这一史实：唐代民间婚嫁有送"须面"作聘礼的习俗。结合当今河西地区的"龙须面"是一种挂起晒干的细面条，完全可以推断唐代的"须面"当为一种挂面。

值得指出的是，唐代传入日本的制面技术在日本得到了沿革和发展，对近现代形成的以日本机制面为代表的东方面条派系产生重大影响。

元朝太医忽思慧撰写的《饮膳正要》记载"挂面"是当时面条品种之一。元代无名氏编纂的《居家必用事类全集》则详细记述了"索面"的制法：将和好的面团加油搓"如粗箸细，要一样长短粗细，用油纸盖，勿令皴。停两时许，上箸杆缠展细。晒干为度"。这种"晒干为度"的"索面"，正是一种挂面。上述"上箸杆缠展细"或者多次"搓展"使面条变细，再晾晒脱水的工艺，至今仍被手工挂面作坊采用。

著名的意大利旅行家马可·波罗曾在元朝为仕17年。马可·波罗把中国的面条制作技术传入意大利，对欧洲通心粉制作技术产生影响并发展形成西方面条派系。日本学者伊藤武在《亚洲美食之旅·第十一章·思乡挂面》中说："面条是中国的发明。""意大利人出于面子,坚持说:'意大利面并不是由马可·波罗传来的中国面,而是古代罗马的通心面。'但是,我们吃得最多的通心面、干意大利面,都偏偏起源于东方。"

第二节 近现代面条概览

如前所述,我国面条制作技术于公元9世纪传入日本,并在日本得到了传承与发展。19世纪末叶,日本机器制造业迅速崛起,和面、压片、切条等制面机械相继问世,首开东方机制面条之先河。在之后的几十年间,日本的机制面条技术得到了长足的发展,技术设备出口到几十个国家和地区。一度成为传统食品实现工业化生产的范例。

我国大陆于20世纪初年,借鉴日本及我国港台制面技术,开始采用辊切式面条机,随后逐渐普及。到20世纪60年代末,我国内地已基本完成了面条加工机械的技术改造。改革开放以来,我国的制面行业经历了跨越式发展。当今,整个行业工艺技术达到成熟阶段,机械设备接近领先水平,面条新产品不断涌现。面条市场已形成以预包装产品为主导的,门类齐全、花色品种纷呈的繁荣局面。

一、面条的分类

鉴于面条是一种兼具烹饪产品属性与工业产品属性的商品,业界对于林林总总、品种繁多的面条制品,现在还没有一个统一的权威的分类标准。在国内外贸易实践中,当前一般按照面条的制造工艺、食用方式和商品属性进行分类。

1. 按制造工艺分类

根据制造工艺产品特性的不同,可将面条分为鲜湿面、湿保鲜面、挂面及通心面、方便面条等。

(1) 鲜湿面

鲜湿面包括鲜湿手工面条、鲜湿切面、挤出成型的饸饹面等。这类面条是即时制作、即时售卖的生面条。

(2) 湿保鲜面

湿保鲜面包括冷冻湿面、LL面（long life noodles）等。

其中冷冻湿面又分为两种：一种是将鲜湿生面条直接进行急冻处理，在冷链下进行贮存和销售；另一种是将鲜湿面经过蒸煮变成熟面条，然后进行急冻，在冷链下贮存和销售。

LL面是将成型后的面条进行水煮使其变为熟面条，然后采取酸液浸泡、密封包装、加热杀菌等一系列抑制微生物滋生的技术措施，达到面条在湿或半干状态下保鲜的目的。这类面条经简单烹煮即可食用，其中半干面一般经热水冲泡并沥干表面水分后作拌面食用，所以说它也是一种方便面条。

(3) 挂面及通心面

挂面是将鲜湿面条进行烘干而成，是经干燥脱水后的生面条。

通心面堪称"西方的挂面"。传统通心面是以杜伦小麦粗粒粉为原料，经真空和面，由螺旋挤压机挤出成型，然后干燥脱水而成。

挂面与通心面因其具有便于包装运输、保质期长、商品化程度高等一系列优点，成为当代主食面条市场的主导产品。

(4) 方便面条

方便面条的工艺特点是将成型后的湿面条进行蒸煮，使面条达到一定的熟度，然后采用热风干燥法、油炸干燥法、微波干燥法或冻干法对面条进行脱水处理。这种呈干燥状态的熟面条，不但有较长的保质期，便于包装运输和销售，而且食用非常方便。

其中一类称为"干吃面"。这种油炸面在制作过程中已加入调味料，可以直接食用。

另一类称为"泡面"（或"杯面""碗面""即食面"）。这种面条通常在配方中加有数种甚至十几种食品添加剂，经充分蒸煮使淀粉糊化度达到80%以上，并经油炸脱水，所以具有较好的复水性，用沸水冲泡即可食用。

而另外多数先经蒸煮然后经过干燥脱水处理的熟面条，食用时还须经过适当烹煮（只不过烹饪时间比挂面等生面条大为缩短而已），才能达到满意的口感。这类面条统称为"煮面"。

在此,应当进一步厘清方便面条的概念。食品学所称的方便食品,是指部分或完全熟制、不经烹调或仅需简单烹调就能食用的食品。GB17400《食品安全国家标准 方便面》明确指出,方便面是一种"面条类预包装方便食品",方便面"包括泡面、干吃面和煮面"。基于此,包括经过熟制的湿保鲜面、手排面、各种煮面在内的,具有一定熟度、经简单烹调即可食用的预包装面条均属于方便面条范畴,而仅将泡面称为方便面是有失偏颇的。其实,坊间仅将泡面称为方便面,从而将其他多种方便面条排除在外的惯例,源自一个"不经意间的失误":20世纪70年代末,泡面大举登陆中国内地市场之际,其最大的卖点是"泡着吃更方便"。因而业界当时并没有沿用我国港台地区"泡面""杯面""即食面"等称谓,而称其为"方便面"。从此,"方便面"成了泡面的专属名称,并被国人约定俗成地接受了。

2. 按商品属性分类

按照面条的商品属性分类,有主食面、点心面、休闲食品之分。

据考证,"点心"一词出自唐代,是由南北朝时期的"小食"一词演化而来。从近代到现代,国人按摄取食物方式的不同,将食品分为"主食""点心""休闲食品"三个类别:把一日三餐的主要食物品种称为主食;把随同正餐主食一同摄入的辅助性食品,或专门用于加餐的食品称为点心;而那些主要用于调适情绪、打发时光的小食品则被称为休闲食品。

按照这一分类原则,市场上大多数主要用来作为日常正餐烹饪食材的面条都归属主食面条行列,而主要用作加餐的油炸方便面等属于点心面范畴,诸如干吃面和拉面条饼、拉面丸子(油炸面条状食品)等则属于休闲食品。

二、当代市场上的主食面条

1. 鲜湿面

鲜湿面作为一类即时制作、即时售卖、当日食用的餐厨食材,由于未经深度加工和深度包装,迎合了消费者追求食材新鲜度的消费心理,成为主食面条市场上不可或缺的热销品种之一。但鲜湿面多为小作坊小批量加工,行业集中度和标准化水平不高;且产品货架期短,不易运输和销售,流通半径小。所以总的看来，鲜湿面商品化程度较低。

根据面条成型工艺的不同，鲜湿面包括手抻面、鲜湿切面、饸饹面三个品种。

（1）手抻面

手抻面是沿用传统的手工制面工艺，以手工抻面方式做出具有一定几何尺寸的扁形或圆形面条。加工手抻面，除了要具有熟练的抻面技艺之外，在和面及面团调理工序要掌握以下要领：一是和面加水量足够大，二是要对面团充分进行揉、搋、碾、轧，三是面团要经历充分的静置熟化（饧面）过程。因为手工操作易于调节揉面力度和饧面时间，并能够有效地避免粘连并条现象，所以和面加水率可高达60%。这样的面团工艺性能良好，抻出的面条具有比一般机制面条更好的烹煮性能和爽滑、筋道（筋道是一种口腔质地感觉，指食物入口咀嚼时感受到的韧性和耐嚼性。它与产品中淀粉与蛋白质形成的分子网络结构胶体稳定性相关）、有咬劲的口感。这是手抻面特有的品质优势。

毋庸讳言，传统的手抻面加工尚属于"劳动密集型"生产方式，人工成本高，生产效率低。鲜湿面条作坊为追求经营效益，往往不愿安排手抻面的生产。况且，加工手抻面的手工作坊组织化程度低，产品商品化程度低，流通半径有限。由此导致近年来正宗的传统手抻面在鲜湿面市场上已成紧缺商品。

（2）鲜湿切面

鲜湿切面的生产工艺流程是，用手工或借助机械将面粉加水搅拌成面絮（或称面穗儿），将面絮投入切面机（亦称轧面机）的料斗，经1组或2组平辊碾压，形成一定厚度的面片，面片由齿辊型面刀切为一定宽度的面条。通过更换不同规格的面刀，可以加工出多种规格的面条。显然，采用这种工艺设备加工鲜湿切面，生产效率大大高于手工制面。因此，在鲜湿面市场上，鲜湿切面占有绝对大的市场份额。

然而若从面条品质上来比较，鲜湿切面的品质比起手工面要略逊一筹。其主要表现是，鲜湿状态下的面条弹性、韧性差，生断条率高；面条烹煮性能不好，熟断条率、烹煮损失率高；煮熟后的面条适口性差，缺乏爽滑、筋道、有咬劲的口感。凡此种种差距，皆源自制面工艺流程中的几个"短板"：一是和面加水量不足，二是揉面、饧面工序缺失。对制面工艺原理的研究表明,只有使小麦粉中的蛋白质和淀粉颗粒充分吸水,才能使蛋白质成为具有一定韧性、黏性、延伸性和可塑性的湿面筋,并将充分吸水涨润的淀粉颗粒包裹,形成较好的面筋网络。而面团调理和面团熟化工艺,能进一步促进蛋白质及淀粉颗粒对水分的充分吸收和平衡调节,消除和面过程中,尤其是机械和面过程中面团产生的内应力,使面体结构进一步趋于稳定,面筋网络更加致密、完整,从而成为工艺性能良好的湿面团。不言而喻,工艺性能良好的面团才能加工出高品质的面条。而鲜湿切面使用的是在比较简陋的工艺条件下调制出来的面团,切出的面条品质不高也在所难免。

(3) 饸饹面

饸饹面是借助挤出机(亦称饸饹床)成型的面条。挤出机由缸套和与之相配套的活塞组成。缸套的底部有模孔,模孔的形状、尺寸决定了面条横截面的形状和尺寸。加工饸饹面的工艺流程是,用手工或借助机械把面粉加水和成面团,然后将面团投入挤出机的缸套内,经活塞挤压,经由缸套底部的模孔挤出面条。

从上述饸饹面的工艺流程可以看出,与切面相比,饸饹面在成型过程中经过了一个挤出过程。挤出过程相当于一个面团调理工序,能够对面体进行多方位的压延揉捏,促使面筋网络在各个方向上均匀分布,从而使面条的品质有所改善。然而这一面团调理过程是不充分的,加之和面加水量严重不足的工艺缺陷仍然存在,所以饸饹面的品质也差强人意。

2. 冷冻湿面

为了延长鲜湿面的保质期,增加其流通半径,在当今食品冷链技术成熟并普及的形势下,冷冻湿面应运而生。一种冷冻湿面是将鲜湿生面条直接进行急冻,然后在-18℃冷链下贮存、运输、销售。另一种冷冻湿面是将鲜湿面进行蒸煮变成熟面条,然后经过急冻处理,在-18℃冷链下贮存、运输、销售。后者经沸煮1~2 min即可食用,它已成为一种方便面条——煮面了。

3. LL面(long life noodles)

LL面又称乌冬面,是一种保鲜湿面。LL面的生产工艺流程如图1-1所示。

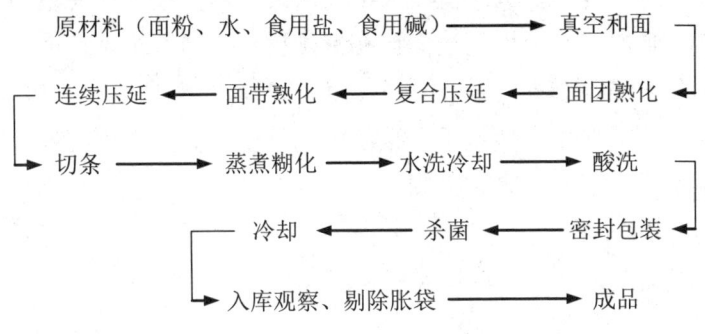

图 1-1　LL 面的生产工艺流程

LL 面采用了真空和面、二次熟化、波纹辊连续压延、充分蒸煮糊化等一系列先进技术，产品口感爽滑、弹性好、筋力强，经简单烹调即可食用，也可直接用于制作炒面、拌面等。LL 面由于经过酸洗和密封杀菌，有效地抑制了微生物的滋生，使产品保质期可达半年。LL 面的缺点在于，一部分人不能接受面条经酸洗留下的酸味。

4. 挂面

挂面无疑是当今主食面条市场上的主导产品。

传统的手工挂面生产工艺是：用盐碱水和面，充分揉、摭、碾、轧，使面团产生筋力。然后搓条，借助竹（木）竿用手工拉伸成一定长度的面条。将面条分束排列于竹（木）竿上，悬架于高空。再以撑面杆将面条下端排列整齐，使面条成排垂下。在重力作用下或辅以人力，撑面杆会以适当力度把面条向下拁，使之进一步变细变长。当面条被拁到一定长度或粗细度时，固定撑面杆，使面条自然晾晒变干。每一个撑面杆上大约可横向排列100多根面条，垂度可达2~3m，称之为"一挂"，宛若一幅白布。这大概就是挂面名称的来历吧。这种工艺直到20世纪50年代还在挂面作坊中被普遍采用。不言而喻，除面团调理技巧之外，"挂"和"拁"是挂面制作技法之精髓。采用这种工艺制成的面条，当有很高的品质。因此，传统手工挂面向来都被人们认为是比切面更高一个档次的面条。然而，由于传统手工挂面生产效率低、产量小、成本高，因此在当前面条市场上，除一些地方特色的花色挂面（包括一些列入当地非物质文化遗产名录的手工挂面）还保留传统手工技法制作之外，一般挂面都是机制产品了。

借鉴日本和我国港台地区的机械化制面技术，我国大陆自20世纪中叶起大力发展机制挂面，到20世纪60年代末已基本完成了挂面机械化生产的技术改造。当前，我国机制挂面已初具规模。内地数千家挂面生产企业的数百万吨年产量，奠定了挂面在主食面条市场的主导地位。但与此同时，机制挂面工艺中缺失了传统手工技法中的精髓部分。当机制挂面从流水线上被源源不断地复制出来时，国人再也享受不到传统手工挂面之美味了！这不能不说是一种遗憾。

机制挂面的生产工艺流程如图1-2所示。

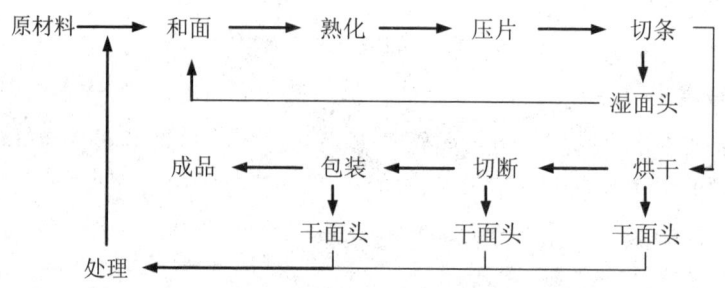

图1-2　机制挂面的生产工艺流程

从机制挂面的生产工艺流程不难看出，之所以机制挂面品质不及传统手工挂面，主要是因为机制挂面的工艺短板——面团持水量严重不足。如前所述，小麦粉只有充分吸水才能调制成加工性能良好的面团。而含水率高的面团塑性变差，黏附性增加，在机械加工过程中不可避免地会出现诸如面体粘连机具、面条黏结并条等一系列问题。因此一般机制挂面和面时加水量须控制在面粉重量的26%～28%。在这样的加水率之下，和面的工艺要求一般只能达到："面团吸水均匀，色泽一致，不含生粉，呈砂样状态，手握成团，松开稍加揉搓仍能成为松散的砂样颗粒。"显然，这种持水量严重不足的面团，不可能具有良好的加工性能。即其蛋白质网络结构达不到应有水平，面团不能产生相应的弹性、韧性、延展性。以此种面团制成的面条当然不会达到传统手工抻面筋道、爽滑、具有麦香味等良好口感。不宁唯是，由于挂面加工中粘连机具、黏结并条等因素的制约，挂面的切条宽度也受到很大限制。当今挂面行业约定俗成的标准是：宽度为1.5 mm左右的挂面称为细面或银丝面，宽度为2～2.5 mm者称为普通挂面，宽度为3～3.5 mm者称为宽面，宽度为4～6 mm者称为玉带面。而一般说来，宽度为8 mm以上的面条在普通挂面生产线上是无法生产出来的。

5. 手排面

手排面是一种煮面,即经简单烹煮即可食用的方便面条。因进入烘干工序之前的半成品须用手工整理、装模定型,故名手排面。

手排面的生产工艺流程如图1-3所示。

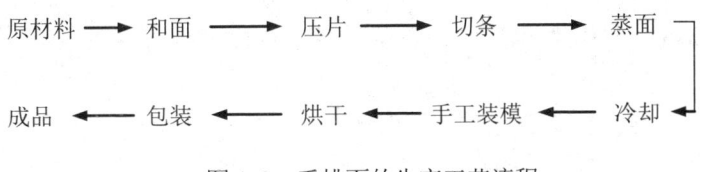

图1-3 手排面的生产工艺流程

从手排面的生产工艺流程可以看出,手排面在切条之前的工序与挂面基本相同。与挂面不同的是,切条后得到的鲜湿面条要经过蒸面使其达到一定的熟度,再用手工装入模具定型,然后进入烘干工序。因此,手排面与挂面一样,同样存在和面加水率严重不足及面团调理不充分的问题。况且由于工艺条件的限制,在蒸面工序面条并未得到充分的蒸煮糊化(手排面的淀粉糊化率一般只有50%~60%)。

手排面毕竟是一种具有一定熟度的干面条,烹调时间比挂面等生面条大为缩短,其方便性不言而喻。但其缺点是烹煮性能不好,如熟断条率高,食用品质较差。

6. 通心面

如前所述,通心面起源于中国,发展于意大利,流行于欧美,并由此成为西方的主食面条品种。传统通心面是以杜伦小麦的粗粒粉为原料,经和面、挤压成型、干燥脱水而成。传统通心面具有光滑透明、带琥珀色的外观,具有很高的强度,不易断条;烹煮性能极好,水煮不浑汤,久泡不粘连,口感爽滑而有咬劲;复水后还可回锅烹调而不影响原有的质地和口感。

因为作为通心面原料的杜伦小麦粗粒粉产量低、价格高,所以传统通心面的生产成本高企。20世纪90年代以来,国内曾有企业引进通心面大型生产线。但受原料来源等诸多因素制约,国内通心面产量极其有限。

鉴于传统通心面价格居高不下的市场现状,包括中国在内的不少国家开展以普通小麦粉为原料制作通心面的技术研究,并取得一定的突破。以普通小麦粉为原料制作的通心面称为非传统通心面。因为普通小麦粉与杜伦小麦粗粒粉在化学成分上存在差别，所以要在普通小麦粉中添加动植物蛋白，以提高其蛋白质含量，强化面团的网络结构。但总的看来，原料配方的不同，导致非传统通心面与传统通心面在品质、风味上存在较大差异。

当前国内市场上供应的通心面产品多从欧洲、澳洲进口。随着经济社会的发展和城乡居民生活水平的提高，国内通心面市场将有相当大的发展空间。

第三节　速煮面开创未来主食面条市场新局面

一、主食面条市场呼唤供给侧结构升级

主食产业化的规模和质量，是一个国家经济社会发展水平的标志之一。在当前我国经济社会持续稳定发展和城镇化进程加快的新形势下，城乡居民生活节奏加快，家务劳动社会化程度日益提高。人们一日三餐的食材也由家庭自制为主逐步转变为工业化生产、社会化供应。从而对工业化食品形成了巨大的社会需求和广阔的市场空间。因此，占食品加工业重要地位的主食面条市场，也面临新的机遇和挑战。其主要表现是，主食面条的消费需求由单纯的果腹向营养美味和特色化转变。消费者要求市场提供的主食面条产品，不仅要安全、健康、风味多样化，而且是具备较高的食用品质、烹饪简捷省时的预包装餐厨食材。这一市场预期意味着，主食面条市场的供给侧结构升级正当其时。

纵览当今主食面条市场，仰观货架品牌之盛，俯察柜面种类之繁，以挂面、手排面为主导的预包装面条产品，其质量鲜有可圈可点之处。从专业角度进行研判，之所以这些面条制品的质量难以差强人意，是因为在制面工艺上存在诸多"硬伤"，如面团持水量严重不足；面团调理工艺明显缺失；作为方便面条的几种煮面，淀粉糊化度过低，等等。因此，如果不

添加"增筋剂"之类的面品改良剂，此类面条的烹煮性能及感官品质都与传统的手工挂面、手擀面相去甚远。再者，挂面、手排面的产品特性和经营者价值理念的局限，很容易使人将企业的成长等同于规模的扩张。低层次的扩张，又助长了设备供应商的急功近利，只求压低设备造价与增加订单，而无暇顾及设备、工艺的创新及技术上的突破。事实上，国内的挂面行业自20世纪60年代末期全面完成机制挂面生产的技术改造至今的五六十年间，从总体上看，在制面技术上并没有实质性的工艺创新和设备升级。由此导致就某些地区、某些企业而言，挂面行业已面临技术落后，设备简陋，低水平重复建设，低价位恶性竞争的困难局面。从这个角度看来，消费者有关"制面机械的普及令国人失去了面条的美味"的抱怨并非空穴来风。在这一大背景下，主食面条市场呼唤制面技术的创新升级；企盼从制面工厂的流水线上，能够源源不断复制出的不是依赖添加面品改良剂，而是借助先进的工艺和设备的技术性能就能加工出具有传统手工面优良品质的面条制品。这也是时代赋予主食面条市场全面健康发展、从而行稳致远的要义。

二、速煮面的工艺特点

速煮面亦称快熟面（quick cooking noodles），是一种借鉴非传统通心面制造技术生产的面条新品种。速煮面是以小麦粉为原料，采用真空和面与真空挤出技术，对高持水量的面团进行科学调理，充分熟化，优化压延成型，经蒸煮使淀粉高度糊化，再经脱水处理的面条制品。

三、速煮面的质量要素

① 速煮面生产线在面团调理、防粘连防并条、面条干燥脱水等诸项关键技术上，成功地进行了工艺路线的创新和设备的优化升级。从而使面条的几何尺寸可以达到1.5～20 mm的宽度，并且可以加工各种直径的圆面条。其中，被称为"真正的机制烩面"的宽度为18～20 mm的大宽面条，在其他面条自动化生产线上是无法生产出来的。

② 基于和面加水率高和对面团进行科学调理，速煮面在蒸煮工序可以

使淀粉糊化度达95%以上。从而使产品在拥有良好的烹煮性能的同时，食用时的烹调操作也变得更加便捷省时。这一商品属性对各种鲜湿面、挂面来说当然无可比性，而像手排面等煮面也无法企及。

③速煮面生产线在和面、面团调理工序采用了多项先进的技术设备，使鲜湿状态下的面条质地细致，表面光滑，有很好的弹性和延展性；脱水后的面条有很高的强度。因而不会发生像挂面、手排面那样的湿面条断条、干面条"酥面"现象。（一般挂面生产线的湿面头、干面头回收率往往高达10%~15%，甚至更高）

④速煮面烹煮性能极好，久煮不浑汤、不断条、不粘连，仍保持形态完整。诸如挂面所要求的熟断条率（一定根数的挂面样品煮熟后被煮断的根数与样品根数的比率）、烹调损失率（一定量的挂面样品煮熟后溶解和脱落到煮面水中的固形物质量与样品质量的比率）等指标，对于速煮面来说根本无须考虑。

⑤煮好的面条表观状态为乳白色或奶黄色，有光泽，呈半透明的胶质感，保持较好的弹性和延伸性。

⑥速煮面生产线采用了一系列高度摹效手工制面的工艺与设备，使成品具有手工面条优良的食用品质：煮好的面条咀嚼时润滑爽口，富有弹性，不粘牙，具有适口的"咬劲"，即筋道口感；同时呈现出宜人的"麦香味"。这一特点实现了广大消费者长期以来企盼的"让餐馆里的手抻面跳出碗、走出店"，"把技艺高超的拉面厨师请进千家万户的厨房"的美好愿景。

⑦速煮面还有一项一般面条制品所不具备的优点：已经复水后的速煮面即使再回锅烹调，仍能保持原来的质地和口感。因此，以速煮面作为餐厨食材，不仅可以方便简捷地烹调出汤面、拌面、火锅面，而且可以烹调出炒面、卤面、烩面、烩捞面等美食。因此，速煮面不仅是家庭厨房面条食材的首选，而且可作为餐馆、火锅店、集体伙食单位的餐厨食材。

四、速煮面市场展望

速煮面生产技术集当代先进的制面工艺和技术设备于一体，在大幅增加和面加水率、充分调理面团、防制面体粘连机具和面条黏结并条、提高面条淀粉糊化度及面条干燥脱水等多项关键技术上实现了工艺路线的创新和设备升级。产品烹调性能好、食用品质高和烹调便捷省时等一系列质量优势，使速煮面成为当代主食面条中最具科技含量的创新产品，得到中外消费者的一致认可。在当今国际贸易和食品工业面制品分类上，速煮面已成为一种独具特色、自成门类的面条制品而跻身于主食面条市场。调研数据表明，近年来国内每年向境外出口的数十万吨面制品中，有相当一部分是速煮面。毋庸置疑，随着城镇化水平的逐步提高和城乡居民生活水平的日益改善，速煮面将颠覆挂面在主食面条市场上一枝独秀的格局。换言之，速煮面必将成为未来主食面条市场的主导产品。

在新时代国家创新驱动战略指引下，有经济学家提出了"新经济规律应是供给决定需求"的命题。其实质是从供给侧改革的角度强调，经济增长更多依赖于供给侧改革所产生的效率和效益。而在主食产业化的供给侧结构性改革中，具有较高性价比的新产品才能够创造新需求，培育市场，引导消费。在消费品市场上，"产能过剩""销售疲软"的都是"几十年一贯制"的没有竞争力的产品；凡创新的产品、创新的技术和创新的服务，从来没有需求不足的问题。这就是供给侧改革中的有效供给。在我国主食产业化发展的进程中，增长模式的转变是当务之急。主食面条市场的供给侧结构性改革应提到重要议事日程。徘徊于20世纪中叶制面技术水平的主食面条行业，应抓住机遇，以推广速煮面生产技术为契机，致力于面制品行业新一轮的技术创新和产品创新，推动主食面条市场的转型升级和产品更新换代，从而引导消费升级，构建新的流通业态，在引领未来主食面条市场新潮流的同时，开创面制品工业走向高端、制面企业自身获益良多、广大消费者受益匪浅的多方共赢局面。

第二章 原辅材料

第一节 小麦粉

一、小麦粉的主要成分及工艺性能

速煮面的生产以小麦粉为原料。分析研究结果表明，小麦粉含有多种化学成分。其中碳水化合物含量最多，其次是蛋白质和水分，此外是少量的脂肪、矿物质、维生素和酶类物质。

1. 碳水化合物

小麦中的碳水化合物主要包括淀粉、糖类、纤维素等，总含量占小麦粉的75%以上。其中绝大多数为淀粉，糖类只占碳水化合物的10%左右。

淀粉在制面工艺中的作用主要体现在以下三个方面。

一是淀粉在常温下不溶于水，但在和面的过程中，淀粉粒子吸水后逐步湿润、膨胀，被面粉中蛋白质吸水膨润后形成的面筋网络结构所包裹，从而使原来松散的、没有可塑性的面粉，变成具有可塑性、黏弹性、延伸性的湿面团。而工艺性能良好的湿面团为制面的后续工序提供了工艺条件。

二是淀粉与水共存并加热后，水渗入淀粉颗粒内部使淀粉膨胀，体积可增大到原有的数十倍甚至数百倍，使晶体和非晶体状的淀粉分子间氢键断裂，淀粉颗粒溶胀破裂而形成胶状物，黏度增大。这就是淀粉的糊化现象。处于糊化状的淀粉称为α化淀粉，未糊化的淀粉称为β化淀粉。面食品由生到熟的过程，实际上就是由β化淀粉转化为α化淀粉的淀粉糊化过程。熟的α化淀粉比β化淀粉容易消化。

三是糊化后的淀粉（α化淀粉）在常温下缓慢冷却失水，淀粉分子会逐渐向低能态的结晶化转移，形成排列有序的平行胶束，恢复糊化前的β化淀粉结构。这种现象叫淀粉凝沉，亦称"回生"或"老化"。回生后的淀粉不再被水溶解，也不易被酶溶解；即使再加热，也难以达到原来的糊化状态。而若把α化淀粉迅速进行干燥脱水处理，使含水率达到15%以下，则α化淀粉就难以回到β化淀粉状态。控制淀粉的回生，对面条制品的生产、储运、销售有着十分重要的意义。

2. 蛋白质与面筋

（1）蛋白质的成分

小麦粉中含有多种蛋白质，其中含量较高的主要是麦谷蛋白、麦胶蛋白、白蛋白和球蛋白。化学分析表明，麦谷蛋白和麦胶蛋白含有丰富的谷氨酸和脯氨酸，白蛋白和球蛋白富含赖氨酸和精氨酸。而加工精度高的面粉麦胶蛋白和麦谷蛋白含量较多，加工精度低的面粉白蛋白和球蛋白含量较多。这就是一般认为低等级面粉比高等级面粉营养价值高的原因所在。

（2）面筋的形成机制及对制面工艺的影响

麦胶蛋白和麦谷蛋白均不溶于水，但对水有较强的亲和作用。而白蛋白和球蛋白能够溶于水。面粉加水搅拌时，蛋白质参与了水化作用和涨润作用两个过程。即水分子首先与蛋白质外围的亲水基相互作用形成水化物，然后麦谷蛋白吸水涨润，同时麦胶蛋白及水溶性白蛋白、球蛋白等成分也逐渐吸水涨润。随着搅拌持续进行，蛋白质微粒逐渐膨胀，相互黏结，形成所谓的面筋网络结构。面筋在面团形成中起着重要的作用，而且面筋的性质决定了面团的工艺性能及面制品品质。一般来讲，面筋生成率高的面团，其延伸性和弹性也强；而面筋生成率低的面团，其可塑性较好。

3. 脂肪

小麦粉中脂肪含量较少，通常为1%～2%。此微量的脂肪能够对面粉的品质产生影响。面粉在储运过程中，脂肪在脂肪分解酶的作用下产生不饱和脂肪酸。随着面粉储运时间的延长，不饱和程度较高的脂肪酸极易被氧化成低分子的醛或酮，即所谓的"酸败"，这时面粉会产生"哈喇"味而失去使用价值。因此，面粉的储存要讲究仓储条件和保质期。

二、小麦粉的质量标准

我国现行小麦粉标准GB1355《小麦粉》主要是根据加工精度对小麦粉进行分级的。GB1355所规定的小麦粉质量指标如表2-1所示。按照这个标准，特一等粉适用于加工面条。

表2-1 GB1355所规定的小麦粉质量指标

等级	特一等粉	特二等粉	标准粉	普通粉
加工精度	按照实物标准样品对照检验粉色、麸星			
灰分（以干物计）/ %	≤ 0.70	≤ 0.85	≤ 1.10	≤ 1.40
粗细度 / %	全部通过CB36号筛，留存在CB42号筛的不超过10%	全部通过CB30号筛，留存CB36号筛的不超过10%	全部通过CQ20号筛，留存CB30号筛的不超过20%	全部通过CQ20号筛
面筋质（以湿度重计）/ %	≥ 26.0	≥ 25.0	≥ 24.0	≥ 22.0
含沙量 / %	≤ 0.02			
磁性金属物 /（g/kg）	≤ 0.003			
水分 / %	≤ 14.0	≤ 14.0	≤ 13.5	≤ 13.5
脂肪酸值（以湿基计）	≤ 80			
气味、口味	正常			

20世纪90年代，为了规范粮食加工企业对面包、面条、馒头、饼干等专用小麦粉的生产，便于用户控制产品配方和稳定产品质量，国家行业主管部门制定了一系列专用小麦粉标准并发布实施。其中LS/T3202《面条用小麦粉》对适用于制作面条的小麦粉的各项指标做出规定。LS/T3202所规定的面条用小麦粉理化指标如表2-2所示。

表 2-2　LS/T3202 所规定的面条用小麦粉理化指标

项目		精制级	普通级
水分 / %		≤ 14.5	
灰分（以干基计）/ %		≤ 0.55	≤ 0.70
粗细度	CB36	全部通过	
	CB42	留存量不超过 10.0%	
湿面筋 / %		≥ 28	≥ 26
粉质曲线稳定时间 / min		≥ 4.0	≥ 3.0
降落数值 / S		≥ 200	
含沙量 / %		≤ 0.02	
磁性金属物 /（g/kg）		≤ 0.003	
气味		无异味	

三、小麦粉的选择

小麦粉的选择，是由面条的品质要求而定的。基于速煮面的生产工艺和质量参数，在选择小麦粉时应统筹权衡以下几项条件。

1. 正确把握蛋白质含量

小麦粉蛋白质含量的高低和质量的好坏是影响面条内在品质的主要因素。一般说来，小麦粉蛋白质含量偏低，就不能形成理想的、细密均匀的面筋网络结构，使面条强度低，易断条，煮熟后的面条缺乏应有的韧性和咬劲。然而，若蛋白质含量过高，使面团筋力太强，弹性过大，易回缩，给加工操作带来困难。况且在速煮面生产工艺流程中，和面加水率的高低、制面用水的硬度、食盐食碱的添加量等，均对面筋网络的形成产生影响；而和面机械的性能及和面时间、面团调理工艺设备、面团熟化时间等一系列工艺条件，尤其对面团的工艺性能产生直接影响。因此，不能简单地认为，面粉的蛋白质含量越高，面团的工艺性能就越好，加工出的面条品质就越高。

在速煮面生产实践中，一般按照行业标准 LS/T3202《面条用小麦粉》的要求，使用湿面筋值为 28% 左右的面粉，即可满足工艺需要。

2. 灰分指标的意义

将小麦粉置于马弗炉中，经高温灼烧后留下的残余物称为灰分。灰分的组分是小麦粉中所含钙、钠、镁等矿物质的硅酸盐类。据测定，小麦胚乳中灰分含量低，而麸皮、麦胚中灰分含量高。所以说，小麦粉的灰分指标表示了小麦粉的加工精度：灰分含量高，说明加工精度低，面粉中麸星含量多，出粉率高；而灰粉含量低，则说明加工精度高，面粉中麸星含量少，出粉率低。当然，加工精度高的面粉，其蛋白质质量相对较好，加工出的面条食用品质也相应好一些。

根据行业标准LS/T3202《面条用小麦粉》的要求，灰分含量≤70%的小麦粉都适用于加工速煮面。

3. 不要过分追求小麦粉的白度

无论加工精度高低，小麦粉中总会存在一定量的麸皮成分，这些麸星会使小麦粉颜色变暗。同时，存在于小麦胚乳中的黄色色素、胡萝卜素、叶黄素等天然色素，也会加深小麦粉的颜色。基于上述原因，正常的小麦粉应当呈淡淡的乳黄色。而那种白度极高的小麦粉，有添加增白剂之嫌。我国自2011年5月起，已明令禁止在小麦粉中添加过氧化苯甲酰等增白剂。

4. 关注面粉的"后熟"

小麦粉中含有多种酶类物质。其中的蛋白酶能将蛋白质分解成蛋白胨等简单成分。也就是说，如果蛋白酶活性过高，就会破坏面粉中的蛋白质，使面筋数量减少，弹力降低。通常面粉中固有蛋白酶数量、活性有限，对蛋白质的分解作用也极其有限。但在新磨制的面粉中，尤其是使用新小麦磨制的面粉中，半胱氨酸和胱氨酸含有的巯基（-SH）未被氧化，这种未被氧化的巯基是蛋白酶的激活剂，它可以提高蛋白酶的活性，从而参与分解蛋白质的过程。

为了最大限度地抑制蛋白酶对蛋白质的分解效应，可将新磨制的面粉贮存一段时间，使空气中的氧将还原性很强的巯基（-SH）氧化成二硫键（-S-S-），以增加面筋出率和改善面筋质量。这一现象被称为面粉的"熟化"或"后熟"。

在适宜的仓储条件下，面粉的最佳"后熟"期应为1个月左右。一般认为，即使仓储条件合格，贮存期超过6个月的面粉品质也会逐渐下降，而贮存期超过1年的面粉则不宜再用于制作食品。为此，建议用户与面粉厂商之间建立相对稳定的供货关系，科学安排采购、仓储周期，尽量做到使用贮存期为1个月左右的面粉投料。

第二节 食用盐 食用碱

一、食用盐的工艺性能

食用盐的化学成分是氯化钠（NaCl），它不仅是烹饪食物不可或缺的调味品，也是食品加工业重要的辅助原材料之一。

1. 食用盐在制面工艺中的作用

① 收敛面筋组织的作用。和面时加入盐水，钠离子（Na^+）和氯离子（Cl^-）分布在面粉蛋白质的周围，能起到固定水分的作用，有利于蛋白质吸水膨胀，形成紧密连接，从而使湿面筋的弹性和延伸性增强，改善面团的工艺性能。

② 渗透作用。盐水有较强的渗透作用，在和面时使面粉吸水快且均匀，有利于面团的成熟。

③ 保湿作用。食用盐能降低湿面条中结合水的表面分压，因而具有一定的保湿作用。同时，盐水的渗透能力大于纯水，湿面条内部水分容易迁移到表面，使水分扩散道路通畅。从而有利于控制烘干条件，提高脱水效率，稳定产品质量。

④ 改善面条品质的作用。制面时加入食用盐，可以改善面条的烹煮性能，使煮面时间变短，煮出的面条柔软而富有弹性。

⑤ 食用盐有一定的抑制杂菌生长和抑制酶活性的作用，可在一定程度上控制面制品的中间品和成品在湿热环境下的酸败。

2. 食用盐的添加量

虽然食用盐对制面的工艺作用十分重要，但食用盐的添加量并非越多越好。添加食用盐过量，会使面筋变性，导致面团的延伸性和黏弹性降低。因此，食用盐的添加量，应根据面粉蛋白质含量、生产环境温湿度的变化适当调整。在速煮面生产中，一般将加盐率控制在面粉质量的1.5%～2.5%，并按照"夏多冬少"的原则进行调整。

需要提示的是,制面生产中宜使用精制盐而不宜使用粗盐。因为粗盐中氯化镁($MgCl_2$)、硫酸镁($MgSO_4$)等杂质含量较高,其中的镁离子(Mg^{2+})会增加和面用水的硬度,使面团筋力减弱。

二、食用碱的工艺性能

食用碱是纯碱的俗称,它的化学成分是碳酸钠(Na_2CO_3)。与食用盐一样,食用碱也是制作面条不可或缺的辅料。

1. 食用碱对制面工艺的影响

① 与食用盐对面筋质的作用类似,食用碱也能收敛面筋质,使面团具有独特的韧性、弹性和爽滑性。但与食用盐相比较,食用碱对增加延伸性的作用较微弱。

② 食用碱可使面条在蒸煮过程中吸收更多水分,促进淀粉糊化。食用碱能促使淀粉形成凝胶,增加面粉黏度值,使面条蒸煮后坚实,提高面条的复水性,增进面条的口感。

③ 食用碱能促进面粉中的类黄酮物质与铁离子结合,使面条出现淡黄色。这是食用碱对面条的着色作用。

④ 食用碱能使面条产生一种特殊的碱性风味,改善面条的口感。

⑤ 用加入食用碱的水和面,能使面团的 pH 值提升到9~11,从而在一定程度上抑制了破坏面条品质的酶类(包括会使面条产生黑色点的氧化酶、使面团弱化的蛋白酶、使淀粉形成流体的淀粉酶)的活性,使面条的外观保持光泽。

⑥ 用加入食用碱的水和面,会严重破坏面粉中的维生素,特别是 B 族维生素等营养成分。

2. 食用碱的添加量

国家标准 GB2760《食品添加剂使用标准》规定,碳酸钠在生干面制品中的使用量是"按生产需要适量使用"。而在生产实践中,由于食用碱对制面工艺的影响,加碱过量会产生一系列的问题:一是加碱过量会使面团太过柔软、发黏、面筋脆弱;二是加碱过多会使面条颜色褐变;三是加碱过多会造成面条碱味过重,掩盖了面条固有的麦香味,这是大多数消费者所不愿接受的。一般情况下，速煮面生产加碱量控制在面粉质量的0.15%~0.25%为宜，最大加碱量应控制在面粉质量的0.5%以下。

三、食用盐和食用碱的使用方法

在配料操作中，不能将粉末状的食用盐和食用碱直接混合于面粉中，而要事先配制成盐碱水溶液，使用盐碱水和面。盐碱水的配制要按照"先碱后盐"的法则，按以下步骤进行：第一步，先依据面粉投料量计算出和面用水量，把一定量的和面用水置入容器中；第二步，依据面粉量计算出食用碱添加量，称取食用碱分批量加入水中，搅拌使其完全溶解；第三步，依据面粉量计算出食用盐添加量，称取食用盐加入碱水中，搅拌使其完全溶解。要注意食用碱在溶解过程中会产生一定热量，从而使水温升高。要监测和面用水的温度，切不可将温度过高的盐碱水用来和面，以免引起面团褐变或蛋白质过早变性。

第三节　制面用水

在速煮面生产中，水是用量仅次于面粉的主要原料，水的质量对制面工艺和产品质量有密切关系。

一、水在制面工艺中的作用

① 用水来溶解食用盐、食用碱等辅料，配制成和面用盐碱液。
② 在和面过程中，小麦粉中的淀粉吸水涨润，使没有可塑性的干面粉转化为具有可塑性的湿面团，为面条的成型准备条件。
③ 小麦粉中的蛋白质吸水膨胀，相互黏结形成湿面筋，从而使面团具有黏弹性和延伸性。

④ 通过调节加水率，可以调整面团的持水量，得到加工性能良好的面团。

⑤ 在蒸煮工序中，面条在蒸汽中充分吸水并被加热，促进淀粉糊化。糊化度高是速煮面品质的标志之一。

二、水质

评价水质的指标，项目繁多，数据复杂。其中主要影响面制品生产工艺和产品质量的指标是水的 pH 值和水的硬度。

1. 水的 pH 值

水的 pH 值亦称酸碱度值。它是由溶解于水中的水溶性矿物质形成的阳离子（如 Ca^{2+}、Mg^{2+}、Mn^{2+}、Fe^{2+} 等）和阴离子（如 CO_3^{2-}、SO_4^{2-}、Cl^-、NO_3^- 等）的比例决定的。一般规定，pH 值为 7.0 ± 0.2 为中性水，小于此值的为酸性水，大于此值的为碱性水。

2. 水的硬度

自然界的水中都含有一定量的水溶性矿物质，它们主要是钙、镁、锰、铁等元素的盐类。这些盐类的金属离子（Ca^{2+}、Mg^{2+}、Mn^{2+}、Fe^{2+} 等）在水中的含量多少，决定了水的硬度高低。水的硬度（总硬度）是指暂时硬度和永久硬度之和。暂时硬度是指含有钙、镁碳酸盐的水的硬度，这些盐类一经加热煮沸就会沉淀析出，从而容易被除去；永久硬度是指含有钙、镁氯化物、硫酸盐或硝酸盐的水的硬度，这些盐类经加热煮沸不会发生沉淀，难以除去。

水的硬度指标有两种标示方式。一种是将水中溶解的钙、镁等金属离子的量换算成碳酸钙（$CaCO_3$）的量，以 mg/L 为单位来标示。如我国现行国家标准 GB5749《生活饮用水卫生标准》规定，总硬度（以 $CaCO_3$ 计）≤450 mg/L。第二种是我国业界长期以来通行的标示法：将水中溶解的钙、镁等金属离子换算成氧化钙（CaO）的量，每 100 mL 水中含有 1 mg 的 CaO，或每 1 L 水中含有 10 mg 的 CaO，为 1 度。水的硬度指标的两种标示方式之间可以按照下列公式进行换算：

$$1（按 CaCO_3 计）mg/L \times 0.056 = 1（按 CaO 计）度$$

按此公式对 GB5749《生活饮用水卫生标准》规定的生活饮用水硬度指

标进行换算，则：

$$450 \text{ mg/L} \times 0.056 = 25.2 \text{ 度}$$

三、水质对制面工艺和产品质量的影响

1. 水的 pH 值对制面工艺的影响

实验研究表明，当使用 pH 值偏低的水加工面条时，蛋白质和淀粉在偏酸性的条件下会产生分解效应，从而面团加工性能降低。当使用 pH 值偏高即碱性过大的水加工面条时，也会使面筋质部分溶解，面团弹性、延伸性降低。

2. 水的硬度对制面工艺和产品质量的影响

① 水的硬度直接影响小麦粉中蛋白质的亲水性。使用硬度过高的水和面，蛋白质亲水性变差，吸水速度降低，从而导致和面时间延长，和面效果变差。

② 硬水中的钙、镁离子与小麦粉中的蛋白质分子结合，会降低面团的黏弹性和延伸性，使面团的加工性能变劣。

③ 硬水中的钙、镁离子与淀粉颗粒结合，影响淀粉在和面过程中的正常涨润，也会降低面团的黏度；并影响煮面过程中淀粉的正常糊化，导致蒸煮时间延长或需调整其他工艺参数。同时，有报道称，在这样条件下蒸煮的面条质地发硬，易回生。

四、制面用水的选择

1. 对 pH 值的要求

一般认为，制面用水的 pH 值以 5~7 为宜。我国现行国家标准 GB5749《生活饮用水卫生标准》规定，生活饮用水的 pH 值不小于 6.5，不大于 8.5。所以使用符合 GB5749 标准的生活饮用水配制制面用水，能够基本满足对 pH 值的要求。

2. 对硬度的要求

一般认为，制作优质面条，以使用硬度为 1~4 度的软水为佳，最高不宜超过 10 度（以 $CaCO_3$ 计，约 178 mg/L）。对照 GB5749《生活饮用水卫生标准》

所规定的硬度指标（≤450 mg/L，约25.2度），当地自来水管网中的水存在超过10度的可能性。因此，制面工厂应对当地供水管网中水的硬度进行检测，若硬度指标超过制面用水要求，则有必要进行软化处理后再用作制面用水。

五、水处理

水的软化处理，是指采用技术设备，将溶解于水中的矿物质除去的过程。当今，水的软化技术已经比较成熟，电渗析法、反渗透法、离子交换法等高效的水处理工艺设备已经普及。制面工厂可根据自身生产规模和对水处理能力的实际需要，进行设备选型，建立独立的制面用水供水系统。

第三章 速煮面生产工艺与设备

第一节 速煮面生产工艺

一、速煮面生产工艺流程

根据速煮面的定义和质量要素，速煮面的生产必须具备以下工艺要点：一是采用真空和面技术，适度提高加水率，以使面粉中的蛋白质分子和淀粉颗粒充分吸水；二是借助专用设备对面团反复进行揉、搓、碾、轧，促进面筋网络形成；三是合理调控面团熟化环境条件（空气温度、湿度）和熟化时间，使面团内部结构进一步趋于均匀、稳定状态；四是在面条成型过程中，进一步促进面筋蛋白有序排列，提高面筋品质；五是面条要经充分蒸煮，使其淀粉糊化度达到95%以上，以获得最佳感官品质和烹调性能；六是采用先进适用的食品干燥技术对面饼进行脱水处理，使成品含水量达到预包装面条的技术要求。

在生产线的设计上，通过采用一系列专用技术设备，高度摹效手工调理面团和手工抻面操作，使产品感官品质完全达到手抻面的水平，并实现生产流程的自动化控制和连续化生产。

速煮面生产工艺流程如图3-1所示。

在图3-1中，单层连续蒸煮适用于加工宽度为6 mm以下的面条，双层连续蒸煮适用于加工宽度为13 mm以上的面条，尤其是宽度为18～20 mm的特宽面条（如烩面）。

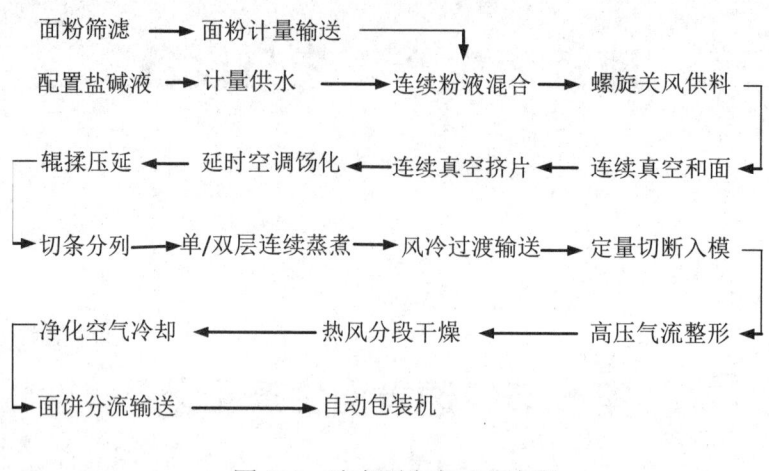

图 3-1 速煮面生产工艺流程

二、速煮面生产工艺原理

从速煮面生产工艺流程图（见图3-1）可以看出，速煮面的生产要经过原材料供给、和面、面团调理（包括连续真空挤片、面带熟化、辊揉压延）、面条成型与输送、蒸煮、干燥脱水等几个关键工序。其每个工序都对成品质量产生直接影响。

1. *和面基本原理*

和面的作用是在小麦粉中加入水和食用盐、食用碱等辅料，经充分搅拌，使小麦粉所含的蛋白质成分吸水膨胀，相互粘连，逐步形成具有韧性、黏性、延伸性和可塑性的湿面筋。与此同时，小麦粉中在常温下不溶于水的淀粉颗粒也吸水湿润，逐步膨胀起来，并被湿面筋的网络组织所包围。从而使原来松散而没有可塑性的小麦粉成为具有可塑性、黏弹性和延展性的湿面团。

如上所述，面粉中蛋白质和淀粉的水化作用和胀润作用是和面的关键机制。若加水量少，面粉吸水不均匀、不充分，则不能很好地形成面筋网络，无法得到加工性能好的面团。据测定，小麦粉中蛋白质的吸水能力为200%～300%，淀粉的吸水能力为40%左右。如果以小麦粉中蛋白质含量为10%、淀粉含量为70%、小麦粉自身含水率14%进行匡算，和面时再加入小麦粉重量50%～60%的水，才能满足小麦粉的吸水能力。实践中，制作龙须面等手工拉面的面团含水量要高（拉面过程中为避免粘连要反复蘸取干淀粉），和面时加水量为面粉质量的60%～70%。而制作挂面、泡面等机制面条时，为避免水分含量高的面团粘连轧辊、嵌塞刀具等问题，不得不将面团含水率控制到30%以下，使产品品质尤其是口感很难差强人意。鉴于此，速煮面所用面团在和面时加水量定为面粉重量的50%左右是比较适宜的。研究结果表明，面粉中蛋白质含量每增加1%，面团持水量相应增加1%～1.5%，所以使用蛋白质含量高的面粉可以提高面团持水量。另外，在和面时加入适量食用盐也可以起到提高面团持水量的作用。

为了提高和面的工艺效果，速煮面生产采用真空和面技术。真空和面技术由日本于20世纪末叶研发成功并迅速得到推广。真空和面的机理是：真空和面机运行中，面箱中的物料处于负压状态。注入面箱中的和面用水迅速呈雾状分布，既保证了加水的均匀性，又利于面粉的蛋白质分子和淀粉颗粒充分吸水。与此同时，面粉在真空环境中经历了脱气过程，经过脱气处理的面粉更有利于水分充分渗透。在上述机制的共同作用下，和面效果得到大幅度提升，主要表现在：一是蛋白质分子和淀粉颗粒的充分吸水，有利于形成面筋网络，提高湿面筋的数量与质量；二是面粉吸水均匀，与水分结合好，可以提高和面加水率，从而使面团持水量增加；三是真空状态下制得的面团组织结构紧密细致；四是与常压和面相比，真空和面过程中面团发热量明显偏低；五是真空和面使面团空气含量明显减少，水化作用效果好，有利于面团的熟化。因此，与常压和面相比，真空和面得到的面团可以在一定程度上缩短熟化时间。

需要指出的是，曾有文献资料报道，当加水量过少（30%以下）时，真空和面对面团的脱气效果不明显，因之真空和面不适宜于加工加水量过少的面团。此结论表明，只有在加水率高的情况下，真空和面的一系列优点才能显现出来。这也是一般挂面生产线和油炸方便面生产线采用普通和面机（拌粉机），而速煮面生产线采用真空和面机的原因之一。

2. 面团调理工艺原理

面团调理是对经过和面工序形成的湿面团进行反复揉、搓、碾、轧的过程。和面形成的面团其麦胶蛋白、麦谷蛋白已经吸水膨胀并相互结合成面筋，但这种面筋网络还是分散的、不均匀的，淀粉颗粒吸水膨胀后也是松散的。所以，面团的可塑性、黏弹性、延展性都还未完全显示出来。为此，需要用外力反复对面团进行揉、搓、碾、轧，使面团中散在的面筋和淀粉粒集结起来，压缩蛋白质分子间距，以利于面筋结构的完整。并将疏松的面筋压延为紧密的网络组织，使其在面体中均匀分布。为了达到这一工艺性能，在速煮面生产工艺中，综合应用多项技术设备，有效地模拟手工制面技法，对面团进行真空挤出、反复压延、延时熟化等一系列调理措施，使产品感官指标达到传统手抻面"爽滑适口，柔软而富有弹力，筋道而有嚼劲"的水平。

（1）连续真空挤片

连续真空挤片机的工作机制是：当减速机带动挤压螺杆在缸套内旋转时，对处于螺杆与缸套内壁之间的面团施以剪切力和摩擦力，使面体在多个方向上得到揉、搓、碾、轧，增强了面体的筋度、韧性和弹性。同时，真空脱气作用进一步清除了面团中的空气，使面体具有更好的组织结构和加工性能。面体在挤压螺杆的作用下被推移到缸套终端，从模头挤出。借助以专利技术制造的、具有特殊结构的模头，被挤出的面体不像普通挤出机那样是一团团不成形的"面穗子"，而是挤出一条连续的、光滑整齐的面带。这条连续的面带不仅内在品质极好，而且外观质地细致，晶莹透亮。这种面团调理效果是其他制面设备所无法达到的。

（2）齿纹辊 + 平辊压延

齿纹辊又称波纹辊，是在轧辊上设计出斜齿纹，使面带经过对辊时，不仅沿纵向受到压延，而且沿轴向得到压延。因为面体接受压延时，面筋是沿压延方向分布的，所以这种多向压延能使面体在各个方向上形成面筋网络，使面体的工艺特性和食用品质比单向压延大为改善。但在生产实践中，若从真空和面机下来的面团又经过连续真空挤片机挤出形成光滑致密的面带，则不必再经过齿纹辊压延。其理由是，真空连续挤片机的挤压螺杆在真空状态下对面团施以足够大的剪切力和摩擦力，使面体在多个方向上得到充分的揉、搓、碾、轧，这个工艺效果比齿纹辊对面体的作用要强很多。所以一般认为，生产线若已配置了连续真空挤片机，就不再配置齿纹辊了。

当面带进入一对平辊的间隙之后，面体受到挤压的同时，随着轧辊的转动被拉伸。在拉、压的同时作用下，面筋网络结构变得更细密，面片的厚度减小。经过几组这样的压延过程，面片的厚度减小到所设定的尺寸。但需要注意的是，根据实验研究，面片在压延过程中所能承受的压力和拉伸速度是有限的，压力超过某一极限，或拉伸速度超过某一极限，都可能破坏面筋网络。尤其是经真空挤片的面片筋度较高，若经急剧碾轧，可能反而会使面片表面变得粗糙。因而面片由厚变薄的过程不能太快，即轧辊组的压延比、压延道数（轧辊组数）、轧辊直径等技术参数要统筹考虑，优化设计。

（3）面体的熟化

熟化亦称饧面，是使面体处于一定温湿度的环境中，借助时间的推移来进一步改善面体的品质和加工性能的过程。从理论上分析，熟化工序的主要作用有三点：一是使和面过程中尚未渗透到面粉内部为蛋白质和淀粉吸收的水分得到充分吸收，进一步形成面筋网络组织；二是促进蛋白质和淀粉颗粒之间的水分自动调节，使其达到均质化；三是消除和面过程中面筋质产生的内应力，使面体结构趋于稳定。为此，在速煮面生产线中，熟化设备必须保证面带连续运行的前提下，经历充分的熟化过程，即面带在熟化机上的运行路径要足够长。同时，要将熟化机置于一个能够调控温、湿度的"熟化间"里，以保证熟化过程始终处于合适的环境条件之中。

3. 分排输送机理与工艺要求

在一般泡面生产工艺中，通过切面装置切出的宽度为1.5 mm左右的面条，要经过折花工序形成条状波纹，使面条之间保持较大空隙，不易黏结，从而有利于面条的熟制和干燥脱水。然而，鉴于速煮面的商品属性，其面条的宽度有可能要求达到普通泡面的数倍或数十倍，含水率高的面带粘连机具的问题和宽面条黏结并条的问题尤为突出，况且速煮面面饼的形状多为圆台形或梳形，所以上述泡面普遍采用的折花工艺是不适用于速煮面中的大宽面条的。为此，速煮面生产线（特别是生产宽型速煮面时）必须采用面条分列错层输送机构，并且必要时对直接接触面体的机械表面材料做特殊处理，以有效地克服速煮面生产中高持水量的面体粘连机具和特宽型面条黏结并条这两个技术瓶颈。

4. 蒸面的基本理论与工艺要求

(1) 淀粉的糊化与"回生"

根据速煮面的产品设计,从面条成型工段加工出来的面条要经过蒸煮,使其由生面条变为熟面条。用专业术语讲,面条由生变熟的过程是淀粉糊化的过程,即把β化淀粉变为α化淀粉的过程。在速煮面工艺流程中,使淀粉糊化的方法是用蒸汽对面条加热,使其中的淀粉颗粒在一定温度下吸水、膨胀、开裂,形成糊状;同时,蛋白质受热变性。当糊化达到一定程度时,面条的体积膨胀,颜色变成乳黄色,表面产生光泽,呈胶质感,黏弹性明显增加。与生面条相比,经糊化后的面条食用品质变好,且利于消化吸收。

糊化后的淀粉是可以逆转的,即α化淀粉在存放过程中会变成β化淀粉。这一现象称为"回生"或"老化"。蒸熟后又"回生"的面条复水性差,食用品质也大打折扣。为了抑制"回生"现象的发生,一是尽量提高蒸面糊化率,在速煮面生产中宜使面条的糊化率达到95%以上;二是蒸熟的面条要尽快进行脱水处理,使α化淀粉结构尽快"固定"下来,从而降低β化的速度;三是面饼成品要及时进行包装,尽量减少其裸露放置的时间;四是使用高阻隔包装材料,即其氧气透过率、水蒸气透过率等技术参数要达到一定要求;五是产品仓储环节要达到适当的技术条件(主要是环境空气温湿度),并尽量缩短贮存期。

(2) 提高蒸面效果的主要技术措施

由淀粉糊化机理可知,加热和吸水是糊化的两个基本条件。具体到速煮面来说,影响蒸面效果的内因是面条的几何尺寸和含水量,影响蒸面效果的外因是蒸面温度和蒸面时间。

根据淀粉糊化的基本原理,面条含水量与糊化程度正相关。在同样的蒸面温度和同样的蒸面时间条件下,鲜湿面条的含水量越高,则糊化程度也越高。如之前章节所述,速煮面在和面工段已采取多项技术措施,提高和面加水率,使面团持水量达到较高水平,此为提高糊化率奠定了有利基础。同时,在蒸面工艺上采用"湿蒸法",即在蒸面机的隧道式蒸箱中直接用喷管喷出蒸汽对面条加热,雾状的蒸汽和冷凝水能够使面条多吸收水分,有利于淀粉糊化度的提高。

5. 速煮面干燥原理

(1) 干燥的工艺要求

干燥是对蒸熟的面条进行脱水处理，使其水分含量达到产品质量标准规定的过程。干燥的目的，首先是为了把面条入模后形成的面饼的形态固定下来，以便进行包装；其次是为了迅速固定蒸熟面条的 α 化状态，以防止在贮存过程中发生"回生"（即 α 化淀粉再回到 β 化淀粉状态），使面条保持良好的烹调性能和食用品质；再者，与湿面条相比，干燥后的面条保质期长，有利于商品的贮存、运输和销售。根据速煮面的产品设计和工艺设计，要求采用先进的技术设备，能在尽可能短的时间内将从蒸面工序下来的面条（含水率40%左右）脱水至水分含量12%以下。

(2) 分段干燥的意义

对面条的干燥过程进行深入研究，结果表明，面条的脱水机制十分复杂。蒸熟后的面条成为一种凝胶体，其淀粉已高度糊化，蛋白质因受热变性而凝固，面条的组织结构已经稳定，其中的水分以化学结合水、物理化学结合水、机械结合水三种形式存在。在通常的加热条件下，机械结合水和物理化学结合水比较容易除去，而化学结合水在一般条件下较难除去。使用相对湿度低的热空气反复循环通过面饼，由于面条表面水蒸气分压大于热空气中的水蒸气分压，面条的水蒸发量大于吸附量，因而面条是脱水的。面条中蒸发出来的水分被干燥介质带走，从而达到干燥的效果。

同时，由于速煮面面条的横截面积有可能比其他面条要大得多，致使一般的加热方式对其内部导热作用缓慢，面条中心部分的水分不易扩散出来，而面条表面水分蒸发速度远远大于内部水分蒸发速度。这种"外扩散"大于"内扩散"的机制会造成面条表面"结膜"，又反过来封闭了水分蒸发通道。在此情况下，若面条在不适宜的技术条件（导热介质的温度、湿度和风量）下继续加热，则可能导致表面鼓包或裂纹。

为了克服面条外部脱水相对容易而内部脱水相对困难这一技术瓶颈，生产实践中采取分段循环干燥技术。分段干燥法又有两种形式。一种是两段干燥法，即将热风干燥机隧道设计为前后两个温区。在前一区段，使用一定温度、一定相对湿度的热空气作为干燥介质，在一定的鼓风机静压下反复循环通过面饼，使面条脱水；在后一区段，适度提高热风温度、降低相对湿度，同时大幅度增加风速，使面条在高温、大风量的作用下继续脱水，在较短时间内达到规定的水分含量。另一种是三段干燥法，即将热风干燥机隧道设计为前、中、后三个温区。前温区为相对高温区，工作温度为100～110 ℃，高风压、大风量的循环风机作用于相对高温的热风穿透面饼，使面饼迅速脱水；热风干燥机的中温区为相对中高温区，工作温度为85～95 ℃，是主体持续干燥脱水阶段；热风干燥机的后温区为相对中温区，工作温度为75～85 ℃，面饼在这一区段继续脱水至水分含量达标，并平缓过渡到风冷工序。

第二节　速煮面生产线的设备配置

根据速煮面生产工艺流程设计（见图3-1），速煮面生产线由原料处理与输送、和面与面团调制、面条成型与传输、蒸煮糊化、入模整形、干燥脱水等模块组成。按照各系统的功能，相应地配置机电一体化设计的专用设备，并采用PLC（可编程逻辑控制器）控制，实现从原料投放到成品下线的连续化生产。

一、生产线的基本配置

速煮面生产线由19台套机组组成。速煮面生产线平面布置如图3-2所示。

第三章 速煮面生产工艺与设备

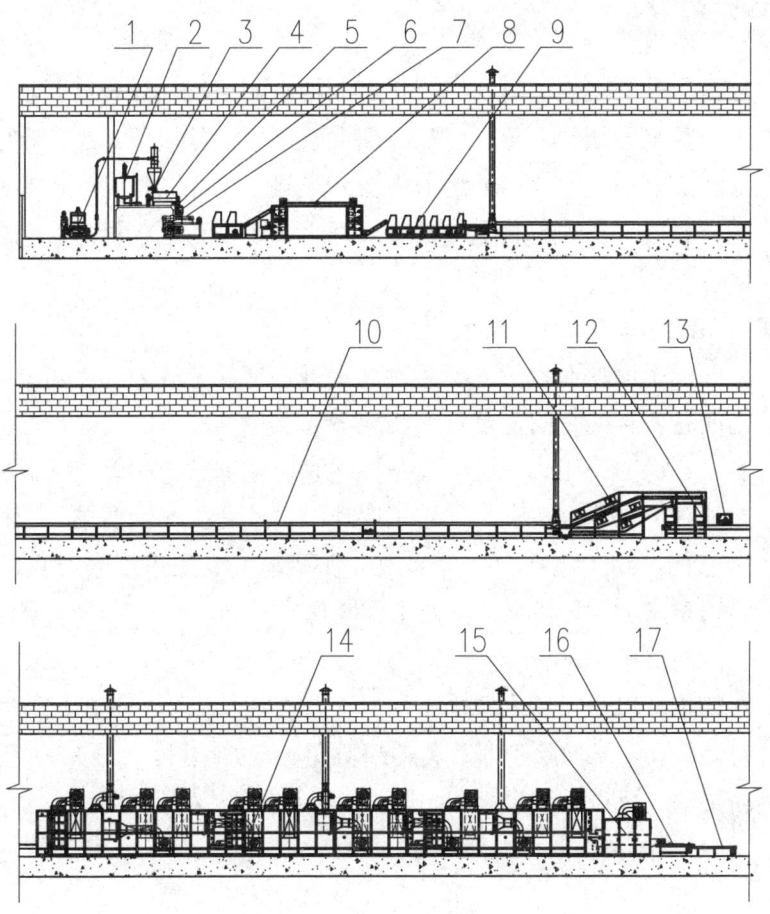

1- 面粉筛滤与风送系统　　2- 配液与供水系统　　3- 粉液高速混合机
4- 连续搅拌输送机　　　　5- 关风供料机　　　　6- 连续真空和面机
7- 连续真空挤片机　　　　8- 面带熟化机　　　　9- 连续压延机
10- 单/双层蒸面机　　　　11- 风冷输送机　　　　12- 切断落盒机
13- 气流整形机　　　　　14- 热风干燥机　　　　15- 冷却机
16- 分流输送机　　　　　17- 包装输送机

图 3-2　速煮面生产线平面布置

1. 面粉筛滤与风送系统

(1) 工作原理

小麦粉通过筛滤机振动筛滤,筛除面粉中的杂质,并通过罗茨风机的抽吸作用使整个系统形成负压,在外部大气压力的作用下,小麦粉随空气一起从筛滤机下端的入料口处进入管道并被输送到卸料地点,在卸料点处装有旋风分离器,小麦粉和空气被分离开来,小麦粉进入料斗,空气经除尘器净化后排入大气。

(2) 功能与特点

一是取代了原料面粉的人工搬运和提升,节约了人力。二是节约了和面操作间面粉暂存的空间,可直接实现面粉在原料仓库的投料,尤其是比较适合多层厂房的远距离输送。三是风送系统输送管道配置灵活,使工厂生产工艺流程更合理,可满足下道工序连续自动化生产的要求。四是风送系统完全密闭,粉尘飞扬少,可实现环保要求。五是系统采用PLC控制,人机界面动态显示工作状况,自动化程度高。

(3) 结构组成

面粉筛滤和风送系统主要由下面几个部分组成:面粉投料站、风送管路、面粉储料仓、脉冲除尘器、旋转卸料阀、送粉风机。

面粉筛滤与风送系统示意图如图3-3所示。

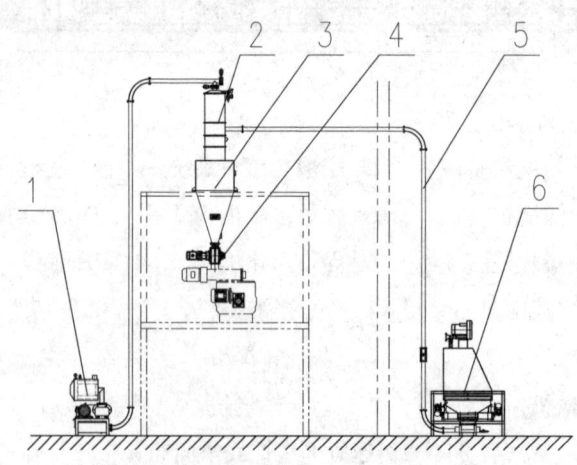

1- 送粉风机　　2- 脉冲除尘器　　3- 面粉储料仓　　4- 旋转卸料阀
5- 风送管路　　6- 面粉投料站

图3-3　面粉筛滤与风送系统示意图

面粉投料站

面粉投料站包括振动筛滤机、面粉吸尘装置、出料斗。投料站的优点是：适用性广，任何粉类、黏液均可筛分。杂质、粗料自动排出，可以连续作业。独特网架设计，筛网使用时间长久、换网快、操作简单、只需3~5 min。由于最大限度地防制了粉尘外泄，从而保持洁净的生产环境，保护了工人的职业卫生。

振动筛滤机的作用是，面粉通过振动筛（安全筛网）可将大块物料和异物拦截，从而保证符合要求的面粉进入下道工序。同时，投料时所产生的面粉粉尘由集尘风机进行收集，可以避免面粉粉尘到处飞扬。

风送管路

风送管路采用食品级PVC管道，避免金属材料管道在送粉过程中产生静电。在送粉管道上设置有机玻璃视窗，可直接看到面粉随气流的流动输送情况。

面粉储料仓

不锈钢面粉储料仓上端连接脉冲除尘器，下端连接旋转卸料阀。储料仓配备一套涡轮式振动器，有利于面粉下料，避免面粉在料仓内的囤积。储料仓配备两个电容格式料位器，当供粉达到高料位的时候，自动控制送粉风机和振动筛停止供料；当供粉低于低料位的时候，自动启动送粉风机和振动筛供料。

脉冲除尘器

脉冲除尘器通过喷吹压缩空气的方法除掉过滤筒上附着的粉尘；除尘器有一组脉冲阀，由脉冲控制仪或PLC控制。工作时，面粉由风送管道进入储料仓，大部分面粉直接落入储料仓，部分细尘粒随气流转折向上积附在滤袋外表面，过滤后的气体进入吸风管道，经风机排至大气。清灰过程是开启脉冲阀用压缩空气进行脉冲喷吹清灰，整个脉冲除尘过程由可编程序控制仪对排气阀、脉冲阀及卸尘阀等进行全自动控制。

脉冲除尘器具有下列优点：运行能耗低，性能可靠，占地面积小，清灰能力强，除尘效果高。

旋转卸料阀

旋转卸料阀的作用：一是密封储料仓，二是提供连续供料给下道工序。旋转供料阀入料口连接储料仓出料口，旋转供料阀出料口连接水粉混合机入料口。旋转供料阀采用变频调速，以满足不同产量对面粉供料量的控制需求。

送粉风机

送粉风机通常采用罗茨风机，因为罗茨风机的风量大，压力选择范围较宽，能满足送粉的高效率。送粉风机的选型，可根据不同送粉工况要求，选择不同功率、不同风量风压的风机。

2. 配液与供水系统

（1）工作原理

配液系统是把制面用水与食用盐、食用碱按配比混合搅拌储存。供水系统是把配制好的混合液连续供给下道工序的粉液混合机。

（2）功能与特点

一是盐碱水桶带立式搅拌器，混合均匀，不产生沉淀。二是盐碱水桶双层桶体，带保温，保证使用的混合液温度恒定。三是由于连续和面，要求连续定量供液，供液系统采用流量计控制电动调节阀和供液泵来控制流量恒定。四是定量控制仪同时控制泵和阀门时，设有泵延时起动和泵提前关阀功能。五是每次定量控制值可以根据工艺需要任意更改，只需在定量控制仪内操作完成。六是采用西门子流量控制器，计量精准。七是人机界面内可查看总累积、瞬时流量、流量计输入信号值等。

（3）结构组成

配液与供水系统主要由盐碱水搅拌桶和定量供液装置两部分组成。

配液与供水系统示意图如图3-4、图3-5所示。

盐碱水搅拌桶

如前所述，制面用水除对水质有要求之外，对水温也有一定要求。因为用冷水或温度较低的水和面，面粉中的蛋白质不会发生热变性，从而形成较多和较强的面筋。淀粉在低温下不易发生膨胀糊化，因此所形成面团坚实，韧性强，拉力大。再者，一般认为使用冷水或温度较低的水和面做出的成品色泽较白，吃起来爽口有筋性，不易破碎，特别适合速煮面对成品感官指标的要求。当然和面水温也不宜过低，水温太低则水分子动能低，蛋白质、淀粉吸水慢，面筋形成不充分。

第三章　速煮面生产工艺与设备

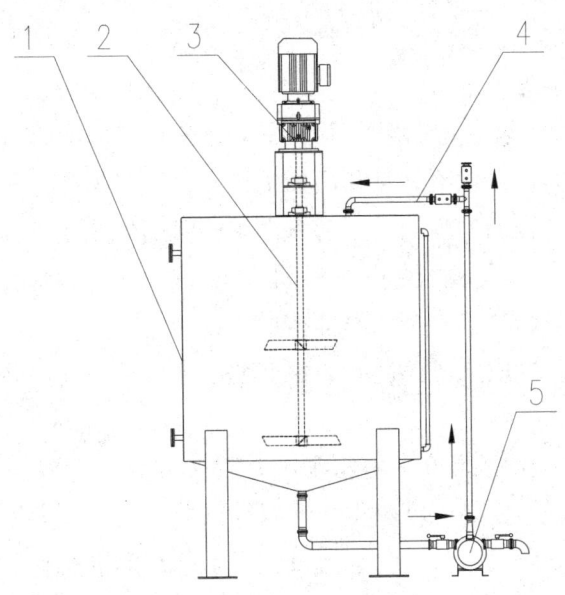

1- 盐碱水搅拌桶桶体　　2- 盐碱水搅拌轴　　3- 立式齿轮减速机
4- 供水管道　　　　　　5- 不锈钢管道泵

图 3-4　盐碱水搅拌桶示意图

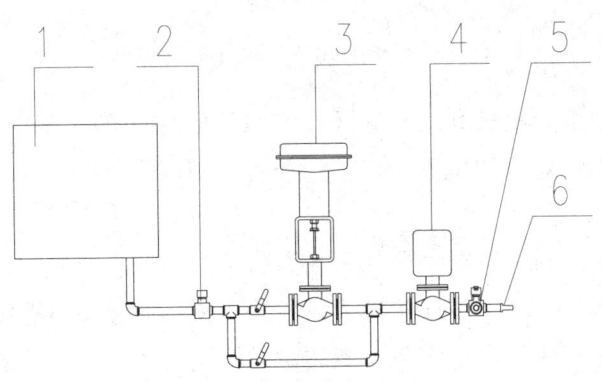

1- 储液罐　　　　　　2- 流量计　　　　　　3- 电动调节阀
4- 加压泵　　　　　　5- 电磁阀　　　　　　6- 出水口

图 3-5　供水系统示意图

鉴于此，宜将制面用水经过制冷机组适当降温，或经蒸汽盘管适当升温，达到和面需要的水温后注入盐碱水搅拌桶。因此，盐碱水搅拌桶就需要有隔热保温功能。一般制作盐碱水搅拌桶需要做成双层桶体，桶体夹层含保温棉，且在桶内壁设置蒸汽盘管。盐碱水搅拌桶的配备数量视生产线的产能大小而定，一般情况下配置2个，交替使用。

定量供液装置

根据速煮面生产工艺流程（见图3-1），连续粉液混合机工序需要面粉与和面用水连续定量供给，且和面所需用水量需根据产量与和面加水比例精准控制。需要强调指出的是，速煮面生产线的供液系统区别于挂面和油炸泡面生产线的定量批次供水。一般挂面与泡面和面加水有一个与和面机匹配的定量桶来计量，一个和面桶按加水比例需加多少水由这个计量罐一次性储水并一次性放水。而速煮面生产线的定量供液装置须实现连续进水和连续供给并保持恒定。

为此，定量供液装置由蓄水池、定量控制仪、电磁阀、流量计、电动比例调节阀、加压泵，以及供液管路等部分组成。定量供液装置的工作机制是，首先根据工艺参数对水流量的要求，在定量控制仪上设定流量；然后借助定量控制仪控制电动比例调节阀打开的大小来实现控制流量的大小，同时流量计测得实际水流量，可对误差进行修正。加压泵是为了实现水粉混合机的雾化加水。整个工作过程也是通过人机界面来实现，当需要调整加水量时，在人机界面上设置调整参数就可以实现。

3. 粉液高速混合机

（1）工作原理

粉液高速混合机是利用高速离心的原理把前面工序风送过来的面粉和定量供液装置供过来的配液，进行第一次的初步混合，实现面粉的加水工作步骤。

风送旋转卸料阀送料下来的面粉进入粉液高速混合机的入料斗，入料斗带有搅拌器，入料斗下连接螺旋供粉输送机，通过调节螺旋供粉输送机的速度以满足相应的产量大小，螺旋供粉输送机供料下来的面粉进入粉液高速混合机。一般粉液高速混合机的转速为1000转/分钟，通过高速旋转产生的离心力，使面粉在粉液高速混合机内处于悬浮状态，有利于加水的最大均匀度。水粉混合机的近入料端连接加水装置，水通过加压泵、雾化喷头加水至粉液高速混合机内悬浮状态的面粉中。

（2）功能与特点

一是高速离心混合，水粉混合最大均匀化。二是螺旋定量供粉，变频调速。三是连续雾化喷水，水分子充分接触面粉表面。四是干净卫生，密封性好，无粉尘和水泄漏，清理方便。五是连续自动化生产，无须人员操作。

(3) 结构组成

粉液高速混合机主要有粉料斗、螺旋供粉输送机、高速离心混合机三部分组成。

粉液高速混合机示意图如图3-6所示。

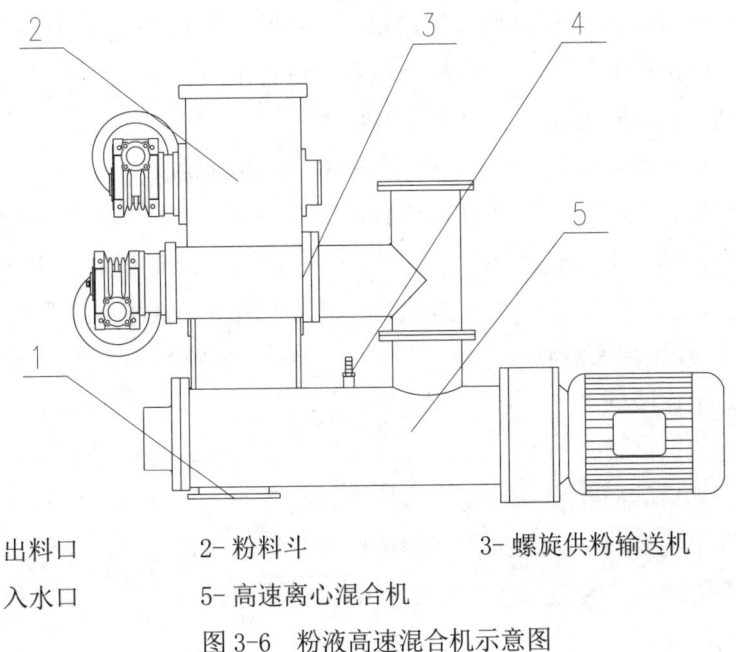

1- 出料口　　　　2- 粉料斗　　　　　　3- 螺旋供粉输送机
4- 入水口　　　　5- 高速离心混合机

图 3-6　粉液高速混合机示意图

粉料斗

粉料斗是承上启下的面粉暂存缓冲装置。粉料斗带搅拌器，有利于送粉至螺旋供粉输送机。T字形搅拌拨杆，端部贴近螺旋供粉输送机螺旋叶片，有效拨送面粉，避免面粉堆积、悬空等问题产生。

粉料斗由蜗轮蜗杆减速机、减速机座、轴承座、轴承盖、调心球轴承、密封圈、搅拌轴、搅拌棒、桶体、紧固件等构件组成。

螺旋供粉输送机

螺旋供粉输送机是通过螺旋供料实现面粉的定量均匀供给。

螺旋供粉输送机由蜗轮蜗杆减速机、减速机座、轴承座、轴承盖、调心球轴承、密封圈、供料螺杆、供料桶体、缓冲管、透视端盖、紧固件等构成。

高速离心混合机

高速离心混合机由电机、电机座、轴承座、推力调心滚子轴承、密封圈、定心套、粉液混合轴、粉液混合筒、固定转座、转销、深沟球轴承、端盖法兰、紧固件等部构件组成。

螺旋供料机定量供来的面粉与定量供液装置供来的水通过高速离心混合机在混合筒内混合，实现粉液的第一次接触。

混合轴的叶片独特菱形设计，粉液混合时带剪切功能，避免成团。同时，叶片有30°倾斜角度，这样在混合的过程中能实现混合和输送双重功能，即混合的同时连续送料至下道工序。

混合筒端盖可旋转打开，方便清理和拆卸混合轴。

喷水装置处于混合筒的前段位置，如果处于近端或远端都不利于加水混合。喷头为锥形雾化喷头，喷雾面积广。和面用水通过前道工序供液装置的加压泵和雾化喷头使水雾化，然后和离心作用下悬浮状的面粉结合。

4. 连续搅拌输送机

（1）工作原理

上述粉液高速混合机只是面粉和水的初步接触，也就是完成加水的工序，加完水后的面粉要通过连续搅拌输送机进行第一次和面。从粉液高速混合机下来的物料进入连续搅拌输送机的前端，通过连续搅拌输送机的双轴搅拌并连续输送至连续搅拌输送机的出料口输出至下道工序，整个过程实现了连续和面和连续送料的工艺过程。

（2）功能与特点

一是双轴和面，搅拌充分。二是和面过程自动连续输送，连续出料。三是桶身和端板都采用不锈钢8K镜面板，外形美观，档次高。四是全程无人操作，搅拌、出料过程可通过视窗观察。五是独特的搅拌叶设计，使整台机组运行平稳，噪音小。

（3）结构组成

连续搅拌输送机主要由减速机、齿轮箱、搅拌桶体、搅拌轴、上盖门、入料口、出料口等部分组成。

连续搅拌输送机结构示意图和传动示意图如图3-7、图3-8所示。

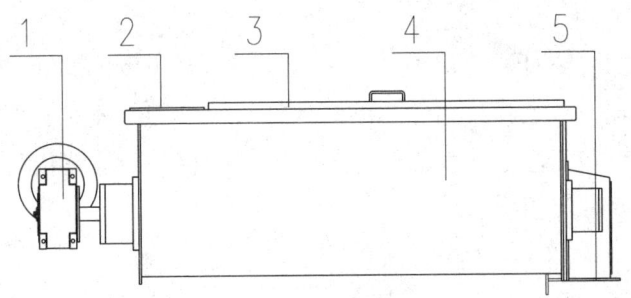

1- 齿轮减速机　2- 入料口　3- 上盖门　4- 桶体　5- 出料口

图 3-7　连续搅拌输送机结构示意图

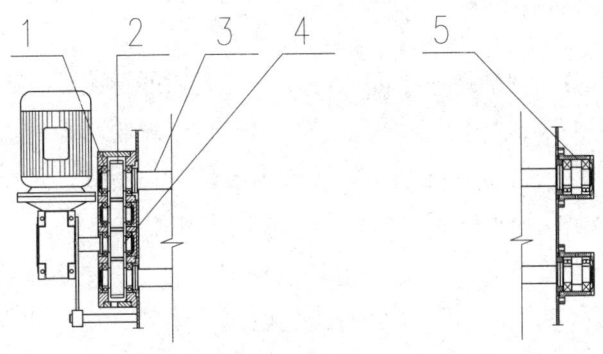

1- 齿轮箱箱体　　　　2- 传动齿轮　　　　3- 搅拌输送轴
4- 主传动齿轮轴　　　5- 轴承座

图 3-8　连续搅拌输送机传动示意图

上盖门

上盖门为25 mm厚对开飞翼式有机玻璃，两侧边装有气缸弹簧装置用于支撑上盖门板。上盖门上装有安全装置的感应开关，打开上盖门会自动停止运转。

入料口与出料口

入料口与粉液高速混合机出料口连接。

出料口在连续搅拌输送机桶体的远端口，连续和面输送轴通过叶片会自动把和面后的面团推送至出料口，出料口连接出料斗，出料斗下端口与下道工序关风供料机连接。出料口的侧端面为可视有机玻璃，可观察物料的出料情况。

减速机

动力为蜗轮蜗杆减速机。减速机通过扭力臂和搅拌机桶体固定,减速机与齿轮箱输入轴连接,齿轮箱的输入轴齿轮一侧与搅拌轴齿轮传动,另一侧传动给过渡齿轮,过渡齿轮再与另一根搅拌轴的齿轮传动,这样两根搅拌轴的旋转方向相反。

齿轮箱

齿轮箱包含箱体、箱盖、齿轮轴、轴承、油封、紧固件等。齿轮箱和箱盖轴承孔的同轴度和中心距误差要控制在0.025 mm以内,箱体加工可采取Q235A板焊接后再整体镗孔和铣床加工四面。齿轮箱装配完成后注入规定的齿轮油。

搅拌机构

搅拌桶体为W型桶体,强度高,外形美观。桶身为3.0 mm不锈钢板造型而成,两侧端墙板为10 mm不锈钢板,一侧与齿轮箱固定,另一侧为组合式墙板,一件为固定式与桶身焊接,另一件为可拆式,便于安装和拆卸搅拌轴。桶身上端为不锈钢方管做横梁来固定和支撑。

搅拌轴一端连入齿轮箱,另一端连接轴承座。两根搅拌轴对称布置,转向相反。搅拌叶为当今最先进的曲线型搅拌桨叶。搅拌叶为精铸后抛光至亮面再进行机械加工。曲线型搅拌叶旋转的时候产生一定的剪切力矩,使搅拌更充分。搅拌叶的角度偏向,能使物料在搅拌的过程中带有连续输送的功能。搅拌叶的角度要控制适当,太大或太小会导致送料速度太快或太慢,达不到和面时间和产能的要求。由于两根搅拌轴的搅拌叶有交叉重叠但不相碰,这样有利于面团在作圆周运动的同时作轴向运动,使搅拌效果得以提高。搅拌叶在搅拌轴上的安装有多种形式,一种是螺栓固定,但长时间运转有可能引发螺栓和搅拌轴脱落,造成设备损坏;另一种是焊接式,不会脱落,但不利于拆卸和更换;还有一种是锥度锲式安装,安装牢固且更换方便。

安装与调试

整台连续搅拌输送机变频调速运转,根据产能要求和前面工序匹配,调整设置需要的运行速度。

整台连续搅拌输送机通过安装在桶身两侧板上的安装座与操作平台固定连接,连接处加减震垫。

5. 关风供料机

（1）工作原理

关风供料机为封闭式旋转给料设备。连续搅拌输送机输送过来的面团进入关风供料机的入料口，关风供料机的叶片旋转把面团强制带入关风供料机出口，进入下道工序。鉴于关风供料机是速煮面生产线真空系统的头道设备，对满足真空系统真空度要求起到关键性的作用。关风供料机的入口处于正压，出口处于负压，所以对这台机器的密封性要求很高。一般市场上成品的关风器、旋转阀、旋转叶片给料机由于设计问题或加工精度不够，是不能满足速煮面生产线真空密封的要求的。所以一定要针对性地设计和制作，而不能以市场上常规产品来替代。

（2）功能与特点

一是能达到连续地入料和出料。二是关风供料机变频调速，供料量的改变可通过调节叶轮的转速来实现，在一定的转速范围内，供料量与转速成正比。三是独特阀体、阀芯设计，具有相当程度的气密性，满足进料口和出料口压差的要求。

（3）结构组成

关风供料机主要由旋转阀体、旋转阀芯、传动部分等组成。

关风供料机结构示意图如图3-9所示。

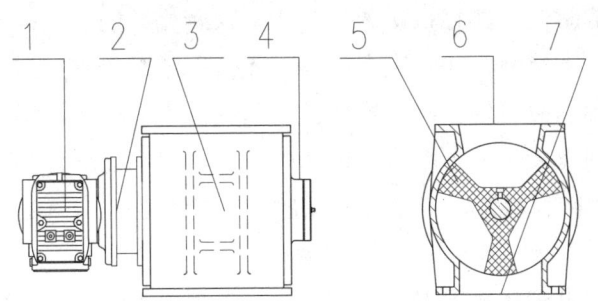

1-齿轮减速机　　2-减速机座　　3-阀体　　4-轴承座
5-阀芯　　6-入料口　　7-出料口

图3-9　关风供料机结构示意图

传动部件

传动部件由K系列齿轮减速机、减速机座、轴承座、轴承盖、调心球轴承、油封等部件组成。K系列齿轮减速机为带电机、带法兰盘、不带输出轴。减速机固定座安装孔位注意角度分布。减速机安装后要呈水平安置状态，左右轴承座的凸台嵌入阀体与阀体焊接后加工。

旋转阀体

旋转阀体为SUS304不锈钢阀体。考虑到阀体的强度和耐用性，阀体为焊接式，由入料口法兰、入料口侧板、端法兰、管体、出料口侧板、出料口法兰等组合焊接而成，焊接后再整体加工。从而保证入料口法兰和出料口法兰的平行度，两端法兰的平行度，端法兰与入料口、出料口的垂直度，阀腔的公差精度、圆跳度、圆柱度，阀腔中心线与两端法兰的垂直度等一系列加工精度指标符合要求。加工精度的高低会影响整体装配后的间隙，从而影响整个关风供料机的密封程度。阀体所有焊接为满焊，全加工后表面打磨并喷砂处理。

旋转阀芯

旋转阀芯由芯轴和阀片组成。旋转阀芯有两种形式，一种是不锈钢芯轴，阀片叶轮整体聚四氟乙烯加工；另一种是不锈钢芯轴焊接不锈钢阀片，阀片端部安装聚四氟乙烯叶片。使用聚四氟乙烯阀片是为了既保持耐磨性和强度又有润滑性，最大限度地减小长时间运转而造成旋转阀体的磨损。芯轴和阀片叶轮安装后整体加工，要求整个旋转阀芯外圆精度公差小于0.05 mm，芯轴和叶轮保证同轴度。旋转阀芯设计的关键点是要求阀片处于任何位置的时候不能存在出料口与入料口有相通的可能，如果存在相通那就无法实现密封性，在真空系统中就无法保证整个真空系统的真空度要求。这就是不选择市场上常规通用关风器的原因：一是市场上通用关风器阀体与阀片间隙大，加工精度不够；二是通用关风器叶片为薄型叶片，不能与阀体形成密封包角，所以很难满足高密封性要求。

阀片

关风供料机阀片选用三叶式。因为物料为加水混合后的面团，物料含水分较多且成粉团状态，而不是细小颗粒物料，所以如果选择多叶片阀芯，虽然对密封性有帮助，但必然会减小叶片夹角，减少料槽空间，妨碍关风供料机正常吃料和出料，不具有实用性。

关风供料机整体安装后手动旋转阀芯，无卡阻无异响方可投入使用。长时间使用阀片磨损后需要及时更换阀片。

6. 连续真空和面机

（1）工作原理

连续真空和面机的工作过程是，面团通过关风供料机下料到真空和面机，在真空状态下搅拌，使经过初次连续搅拌后的面团在负压状态下充分吸水，并在和面过程中连续输送至下道工序。

真空和面的原理是在真空负压的状态下进行和面，使淀粉颗粒和蛋白质分子在负压状态下通过搅拌，使其均匀快速地吸收水分，促进面团蛋白质网络结构快速形成，使得面筋网络组织结构均衡。充分吸水是面筋网络形成、淀粉糊化的重要条件，而真空和面可使面团含水量高达50％左右（视面制品品种要求不同及小麦粉面筋含量的高低而定），面团的高含水量对面制品成品的质量具有决定性的意义。

实验研究表明，真空和面技术能够改善加工工艺，提高面制品质量。在真空状态下和面，由于面团微粒分子间空气间隔减小，能够提高面团的强度和密度；面团游离水减少，不易黏结机具；轧制的面片无色差，不起花，且生产过程中不易破皮、断皮、落条。真空和面机加工出来的面品弹性好，口感光滑。真空和面由于搅拌时间短、转速低，又无空气阻力，因此面团温升较低，避免了因面团温升过高会使蛋白质变性、损害面筋网络组织现象的发生。真空和面可使面团色泽均匀，面团呈微黄色，成品面制品呈半透明状。所以一般说来，采用真空和面技术制得面团的工艺效果，优于其他和面方式得到的面团。

连续真空和面技术又区别于普通的批次真空和面技术，不仅要实现真空状态下和面，而且要能够实现连续和面输送，关键技术是在连续和面输送进料和出料的过程中保持要求的真空度和真空度的恒定。连续真空和面的真空度为 $-0.07 \sim 0.09$ MPa。如若达不到要求的真空度，不仅会影响面团和面时淀粉颗粒的充分快速吸水和面筋网络组织的快速形成，而且会严重影响下道工序真空挤片机成型面片的状态稳定。所以，连续真空和面技术是真空和面技术的尖端技术。连续真空和面技术不仅适合于速煮面的生产，而且也是通心粉、意大利面生产中的关键技术。

连续真空和面结合下道工序连续真空挤片，在真空度为 $-0.07 \sim 0.09$ MPa 负压状态下和面和面片成型，面片经过连续压面后薄而不破，经过蒸煮糊化后晶莹剔透，成品面制品外观漂亮，口感筋道爽滑。简言之，直接采取连续真空和面和连续真空挤片技术就可达到高品质的产品，而无须通过添加诸多食品添加剂来改善面制品的成品质量。

(2) 功能与特点

一是连续真空和面在真空状态下，淀粉颗粒充分膨胀，吸水量大。二是小麦蛋白质在最短的时间内吸收水分，面团饧化程度高，与常压和面机相比，能够大幅度减少饧化时间。三是连续入料，连续自动出料。

(3) 结构组成

连续真空和面机由传动系统、和面轴、和面桶体、入料口、出料口、上盖门装置、真空系统等部分组成。

连续真空和面机外形图和结构示意图如图3-10所示。

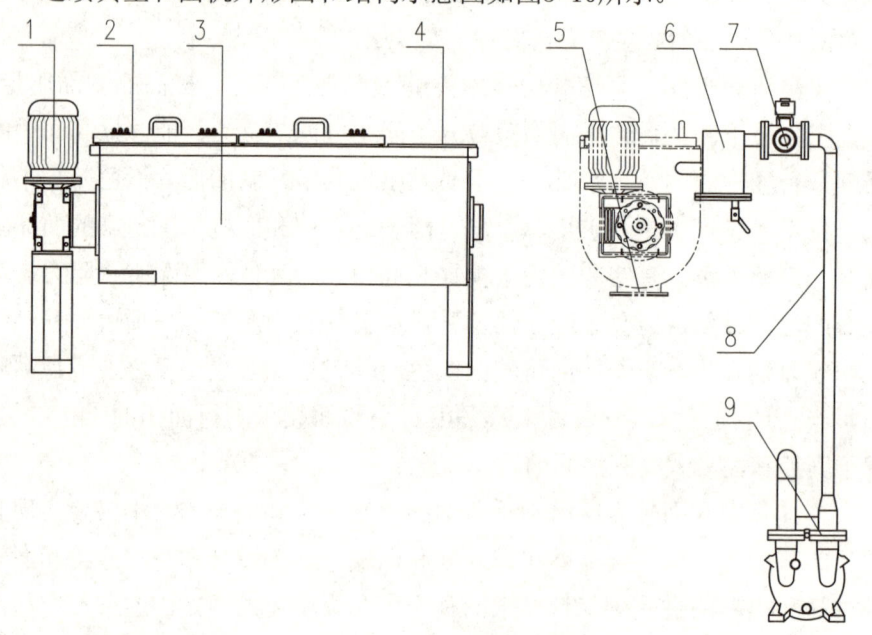

1- 齿轮减速机　　2- 上盖门　　3- 和面桶体　　4- 入料口　　5- 出料口
6- 缓冲罐　　7- 电磁阀　　8- 真空管路　　9- 真空泵

图3-10　连续真空和面机外形图和结构示意图

传动系统

传动系统由K系列齿轮减速机、减速机座、轴承座、轴承盖、调心球轴承、油封等部件组成。K系列齿轮减速机为带电机、带法兰盘、不带输出轴；减速机固定座安装在和面桶体的侧墙板上，左右轴承座也安装在和面桶体的两端侧墙板上；轴承盖上有90°压注油嘴，以便于对轴承加润滑油。

入料口与出料口

连续真空和面机的入料口在和面桶体上端右侧,与关风供料机的出料口固定连接,连接处加装硅胶垫密封。连续真空和面机的出料口在和面桶体的下端左侧,与连续真空挤片机的入料口固定连接,连接处加装硅胶垫密封。

和面轴

和面轴一端连接齿轮减速机,另一端连接轴承座。和面轴为单轴,和面轴上均匀分布独特设计的搅拌叶。搅拌叶为精铸后抛光至亮面再进行机械加工。搅拌叶的角度为0°,没有偏向(最后一个搅拌叶除外,最后一个搅拌叶需要一定角度来把面团推向出料口),通过搅拌叶的分布和和面轴的旋转方向达到和面的过程中带有连续输送的功能。

桶体

搅拌桶体为U型桶体。由于是真空和面,和面桶内有 -0.08 MPa 负压,所以桶身为双层桶体。桶身主体为8.0 mm不锈钢板造型而成,桶身外侧为8K面薄板,中间为加强筋。两侧端墙板为10 mm不锈钢板,一侧与减速机安装座固定,另一侧为组合式墙板。一件为固定式与桶身焊接,另一件为可拆式,便于安装和拆卸和面轴。桶身上端为不锈钢方管做横梁来固定和支撑。

上盖门

上盖门为30 mm厚有机玻璃。上盖门下面外沿内侧有一圈凹槽,凹槽上装有密封胶条,用于真空和面时的桶体与上盖的自动密封。

真空系统

真空系统由吸气口、缓冲排气罐、气动电磁阀、真空管道、真空泵、真空罐、水箱等部分组成。真空泵为西门子水环式真空泵,两泵其中一备一用。西门子水环式真空泵具有可靠性高,安装维护方便,运行平稳噪音低等特点。吸气口带过滤装置避免真空吸气过程中微小粉团进入真空泵。气动电磁阀控制真空管路的通断。真空罐的作用是缓冲压力,防止倒灌,还可用于气液分离以达到稳定真空度。水箱为水环式真空泵所用,水箱的另一功能为后道工序连续真空挤片机配套。

7. 连续真空挤片机

(1)工作原理

连续真空挤片机是将真空和面后的面团在真空的状态下挤压成型,并通过出料口形成一定厚度的面片，定量匀速地输出至下道工序。

连续真空挤片应满足以下工艺要素：

一是真空度要求。真空度对面片的外观影响很直接。低真空度下挤出的面片表面不光滑，易起皮，色泽不均匀；真空度过高时挤出的面片表面有白斑，易脱水。所以，需要在连续挤片的过程中保持恒定的真空度。一般认为，适宜的真空度为 -0.08 MPa 左右。

二是挤片压力要求。连续真空挤片中挤片压力对面片的成型和面片的质量影响很大。挤片压力太小面片易烂片或者分层。挤片压力太大会导致整台机器负载太大，且面筋网络组织破坏严重；太强的韧性会影响面片的延展性，也不利于后道工序的压延，最终成品的硬度偏高，也不利于成品的复水。所以，合理地设计挤片压力会使面片的柔韧性和弹性达到最佳状态，也会改善成品面条的感官指标。

三是挤片温度要求。连续真空挤片由于是通过螺杆压缩，压力挤压成型，因此势必会造成面团温升，而温度的升高会破坏面筋的网络组织，同时会损失面团中的水分。所以，在连续真空挤片的过程中需对挤片工作室降温，保持低于40 ℃的挤片温度至关重要。

连续真空挤片是整个速煮面生产线的最关键一环，因为真空挤片机的合理性和先进性会决定最终面制品的成品质量，而且连续真空挤片的优越性是传统复合压片或者用挤出机挤出面絮（面穗子）以及使用波纹辊等方法完全无法比拟的。事实上，连续真空挤压产生的面片与复合压片产生的面片的工艺性能有天壤之别，连续真空挤片产生的面片经过连续压片后可以在0.5 mm厚度以下横向和纵向拉伸都不易破损。由于连续真空挤片机的设计和制造技术要求比较高，当今国内能设计制造普通面团挤出机的厂家很多，但能设计制造此种连续真空挤片机的工厂却寥寥无几。

（2）功能与特点

一是连续真空挤片，在真空负压状态下形成的面片，达到很高的面筋度，满足最终产品达到手工抻面品质的要求。二是组合式挤片头，使面团充分融合，挤出的面片具有多个方向上的筋度。三是挤片厚度、挤片宽度恒定，不需要调节，而出片速度变频调速。四是与连续真空和面机、关风供料机组成一个完整的真空系统。

(3)结构组成

连续真空挤片机由传动系统、挤片桶体、挤片螺杆、挤片模头、冷却系统等部分组成。

连续真空挤片机外形图和冷却系统示意图分别如图3-11、图3-12所示。

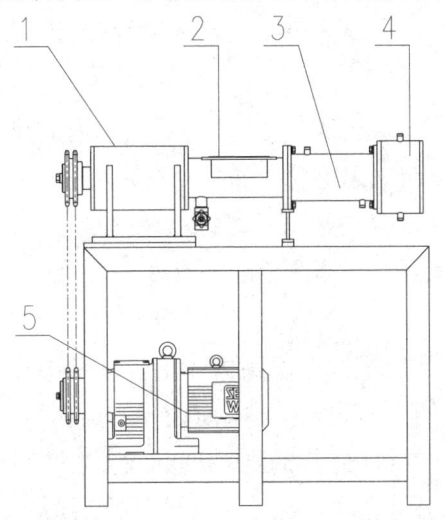

1-轴承座　　2-入料口　　3-挤片桶体　　4-挤片头　　5-齿轮减速机

图3-11　连续真空挤片机外形图

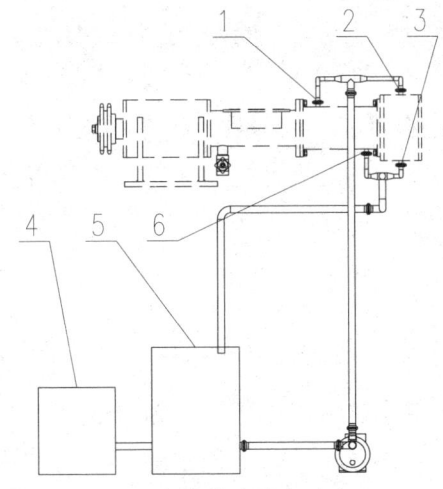

1-挤片桶冷却水入口　　2-挤片头冷却水入口　　3-挤片头冷却水出口
4-冷水机　　　　　　5-循环水箱　　　　　　6-挤片桶冷却水出口

图3-12　连续真空挤片机冷却系统示意图

传动系统

传动系统由 R 系列齿轮减速机、传动链轮组、主传动轴、轴承座、轴承、油封、紧固件等组成，轴承座加工要保证两端面和轴承位的垂直度、前后轴承位的同轴度、轴承座底面和轴承位的平行度等加工精度要求。轴承的选型要考虑轴向的推力，主传动轴轴尾有方形孔与挤片螺杆配合。

挤片桶体

挤片桶体为双层桶体，夹层为冷却水，挤片桶直径规格大小根据产量大小而定，桶身为不锈钢无缝管，桶身两端为端法兰，一端与轴承座连接，一端与挤片头连接。桶身与端法兰焊接后整体加工，保证桶体内腔的同轴度和光洁度，保证桶身与两端法兰的垂直度。

挤片螺杆

挤片螺杆为变螺距螺杆，螺距大小会产生不同的挤片压力，所以螺杆螺距需要根据挤片压力等技术要求而设计，螺杆为不锈钢整体铸造，铸造后整体加工，保证螺杆外圆的同轴度和直径公差，保证螺杆与挤片桶 $0.3\sim0.5$ mm 间隙的公差范围。加工后螺杆整体抛光。

挤片模头

挤片模头为一锥形腔体。挤片模头与挤片桶体之间的间隙为挤出面带的厚度，桶体内径周长为面带的宽度。挤片模头出口处有切刀把挤出的圆筒状面片切开，然后由展开辊展开成为一条连续的面带。

冷却系统

冷却系统由进出水管、阀门、泵、冷却水箱、冷水机组等部分组成，冷却水为循环水，冷却水通过冷却机组对挤片桶体和挤片模头降温，控制通过挤片机的面团温度不超过40 ℃。

8. 面带熟化机

（1）工作原理

本机主要把连续真空挤片机供给的物料通过过渡输送机送到摆叠机中，摆叠机将面带按要求叠放在面带熟化输送带上，经过相对密闭的恒温恒湿空间，让面带充分熟化，同时消除面体内应力，提高面带的工艺性能。

（2）结构组成

面带熟化机主要由主机、冷水加湿系统、摆叠装置、过渡输送装置组成。面带熟化机结构示意图如图3-13所示。

第三章　速煮面生产工艺与设备

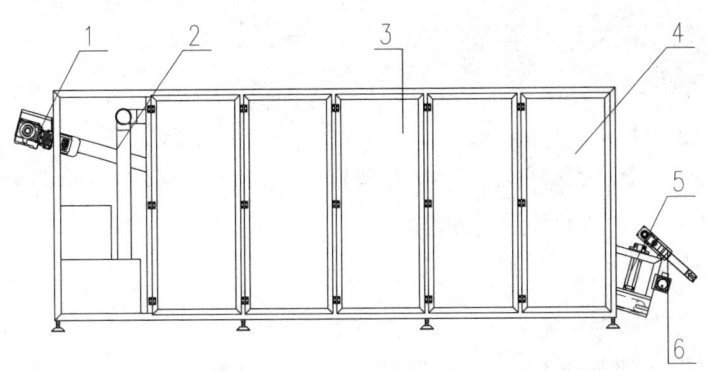

1- 主机　　　　　2- 加湿系统　　　　3- 面带熟化间
4- 可视保温门　　5- 摆叠装置　　　　6- 过渡输送装置

图 3-13　面带熟化机结构示意图

主机

面带熟化机主机部分由主传动电机、机架体、主动轴、被动轴、输送带、顶底保温封板、侧边保温双层可视门等部分组成。

加湿系统

面带熟化机加湿系统包括超声波加湿器、冷水机、温湿度控制系统、雾化管道等部分，如图3-14所示。

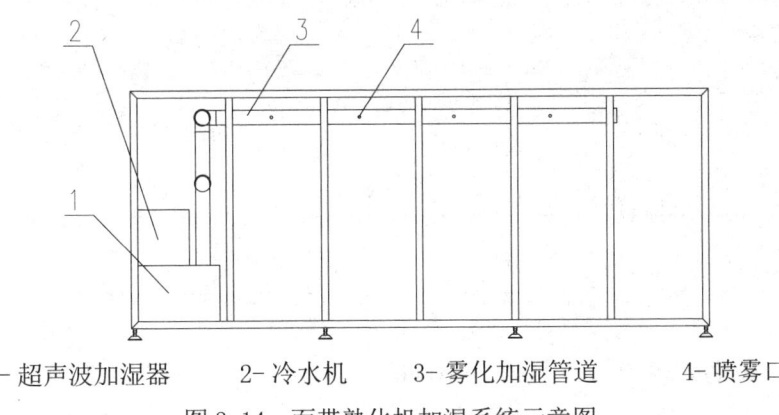

1- 超声波加湿器　　2- 冷水机　　3- 雾化加湿管道　　4- 喷雾口

图 3-14　面带熟化机加湿系统示意图

摆叠装置

摆叠装置由摆叠架体、主动摆板、被动摆板、摆板座、偏心轮、摆动连杆、调速电机、轴承等部分组成。

过渡输送装置

面带熟化机的过渡输送装置由架体、主动轴、被动轴、输送皮带、皮带托板、调速电机、轴承等部分组成。

面带熟化间

将上述主机、加湿系统、摆叠装置、过渡输送装置置于一个相对独立的熟化间内,适度密封,使温度湿度可控,以提高熟化效果。熟化间应安装双层钢化玻璃可视门,以便观察机器运转情况。

9. 连续压延机

(1) 工作原理

经面带熟化机饧化后的面带输入连续压延机,经8组不同间隙、不同压延比的压辊连续挤压后形成符合要求的面片。

(2) 功能与特点

一是8组压辊压延,压延比曲线平滑递减,面筋组织网络形成均匀。二是进一步促进面筋网络组织细密化并最终在面片中均匀排列,使面片达到要求的韧性和强度。三是8组压辊单独传动,光电开关感应面片高低位调速,自动化程度高。

(3) 结构组成

连续压延机主要由机架、各组压延辊、面带输送装置、传动机构、外封罩等几部分组成。连续压延机构造示意图如图3-15所示。

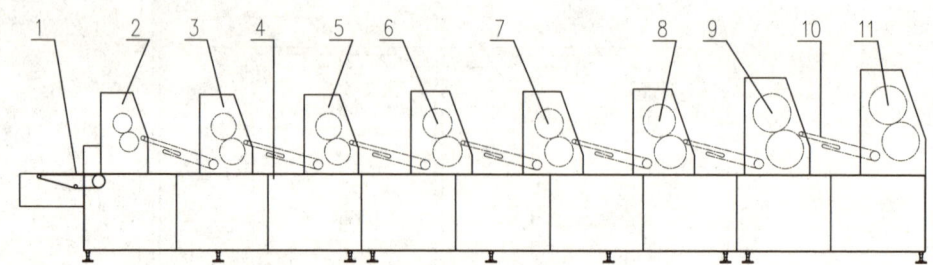

1- 面带成型装置　　2- 第八组压片装置　　3- 第七组压片装置
4- 机架体　　　　　5- 第六组压片装置　　6- 第五组压片装置
7- 第四组压片装置　8- 第三组压片装置　　9- 第二组压片装置
10- 面带输送装置　 11- 第一组压片装置

图3-15　连续压片机构造示意图

机架

连续压延机的机架包括方管架、压辊墙板固定板、减速机底板、调节地脚等几个部分。压辊墙板固定板与方管架焊接后需整体用铣床铣平。

压延辊

各组压延辊由压辊组、墙板组、调压装置、刮刀等部分组成。

压辊组由上压辊、下压辊、尼龙挡板、轴承座、轴承盖、调心滚子轴承、油封、轴套、紧固件等组成。压辊组之所以选用8组压辊，是因为真空挤片后的面带具有很高的韧性，8组压辊可以很好地细分压延比，实现更有效的压延。众所周知，压延比、压辊直径、各压辊转速、末道辊面片线速度即面刀线速度，是连续压延机的几个关键技术参数。要根据连续真空挤片机出片厚度、各道压辊出片厚度、生产线产量要求等数据精确计算，合理设计。

墙板组由左右墙板、刮刀座、固定撑杆、紧固件等部分组成。

调压装置由调压座、蜗轮蜗杆、调节丝杆、调压轴、轴承、调压手轮、紧固件等部分组成。

刮刀包括上刮刀、下刮刀、刮刀压板等部件。

传动机构

传动机构由齿轮减速机、主动链轮、被动链轮、链轮张紧装置、传动链条、轴端挡圈等部分组成。

当今主流压延机都是每组压辊单独电机传动，通过光电开关感应面片高低位置来控制减速机转速，这样能实现面片速度自动跟踪和调整，自动化程度高。压辊组减速机配置如图3-16所示。

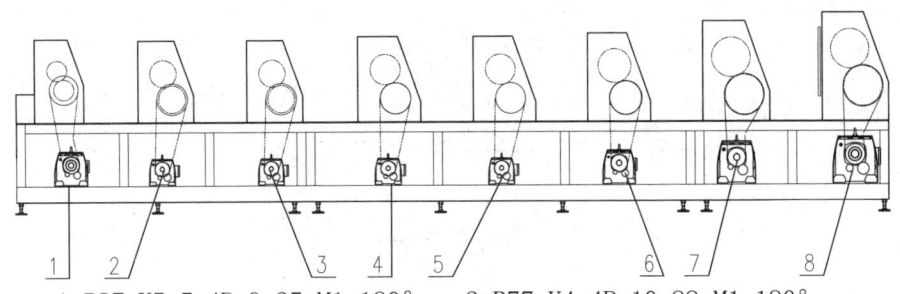

1—R87-Y5.5-4P-9.25-M1-180°　　2—R77-Y4-4P-10.88-M1-180°
3—R77-Y4-4P-12.33-M1-180°　　4—R77-Y4-4P-15.60-M1-180°
5—R77-Y4-4P-21.43-M1-180°　　6—R87-Y5.5-4P-36.73-M1-180°
7—R97-Y5.5-4P-59.84-M1-180°　　8—R107-Y5.5-4P-100.82-M1-180°

图3-16　压辊组减速机配置

面带输送机构

面带输送机构由输送横梁、主动输送轴、被动输送轴、输送皮带、轴承、轴承座、皮带托板、紧固件等部分组成。

外封罩

外封罩由压辊传动侧封罩、操作侧封罩、机架侧封门、前后端封罩等几部分组成。

10. 面条成型与分层输送机构

(1) 工作原理

如前所述，作为主食面条的速煮面应有多种规格，面条的宽度和厚度迥异，面饼形状和成型方式也各不相同。如宽度在6 mm以下的面条，可做成波纹面或乱纹面，面饼呈方块形或圆台形。而宽度在13 mm以上，特别是宽度为18～20 mm的可称为烩面的特宽面条，为避免生面条黏结并条，就只能直线输送至蒸煮和风冷设备，经分层蒸煮、冷却处理后方能切断、入模定型。基于此，速煮面生产线必须设置面饼成型与分层输送机构。

连续压延后的面片经过刀辊切条并通过成型机构形成工艺需要的面带。以便于波纹面直接"摆花"形成波纹，乱纹面通过成型器摆叠形成螺旋状大波纹，而特宽面条则通过分层机构直线输送。

(2) 面饼成型装置的构造和工作机制

面饼成型装置构造示意图如图3-17所示。

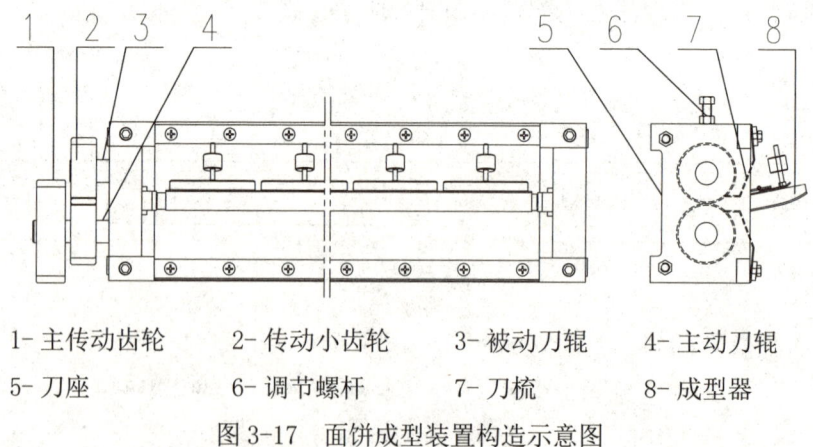

1- 主传动齿轮　　2- 传动小齿轮　　3- 被动刀辊　　4- 主动刀辊
5- 刀座　　　　　6- 调节螺杆　　　7- 刀梳　　　　8- 成型器

图 3-17　面饼成型装置构造示意图

主动刀轴和被动刀轴安装在支座内的轴承上，支座由下连杆固定。面梳的梳齿插在刀轴的齿槽内以便把面条梳出，面梳用压板一起紧固在下连杆上。面条成型装置或分层输送装置安装在支座上。

面饼成型装置工作时,动力从连续压片机传到大齿轮,并通过小齿轮使主动刀轴和被动刀轴相对旋转,将压片机压成的面带送入刀轴切成条状,同时被面梳梳出,经不同种类成型盒形成各种波纹落在成型输送网上。

装配成型装置的技术要求

两边刀座要在同一水平面平衡,两支刀轴接合时,两轴心线必须平行。两刀辊的刀齿相互咬合时,咬接深度为 $0.3\sim0.5\ mm$。

面梳齿背面应平整,梳齿顶线平齐,面梳插入刀轴齿槽内应插至槽底,梳背面应与左右导板、中导板的斜角30°的斜边吻合无间隙。

面梳插入刀齿后,两块梳片的齿底处的距离约为18 mm,成型盒的后导板必须与面梳板紧贴。

面条成型装置清理装配步骤

面条成型装置每次使用后,都应进行清理,把积存在刀齿槽内的残留面条转剔出来,以免面粉硬化后损坏面梳,并为下班生产做好准备。

从连续压片机上取下面条成型装置,放在工作台上使成型盒向上,用棕刷清除面刀上的干粉末。

用螺丝刀卸下固定板与支座的螺钉,轻轻取下成型盒,并用棕刷清除面刀轴与成型盒上的面屑。

一手扶稳面刀支座,另一手按住大齿轮按旋转方向转动,使面梳铲出刀槽内的面屑,经过清理即除去积存在刀齿内的面屑。清理后在刀齿部涂上食用油。

如经上述清理,刀齿内仍有残存面屑(特别是已经干燥了的面屑),不能由面梳铲出时,应用螺丝刀松开面梳的螺钉,取下压板,将面刀轴稍旋转一下,使面梳转向外侧,然后平衡取出面梳,用1 mm的竹签或木签逐一小心地剔出残存面屑。清理完后在刀齿部涂上食用油。

检查清理完的面梳齿顶部应平齐,齿背部平整。如有变形,应小心地校正,并修复因磨损形成的毛刺。

把校正的面梳分别插入各自的面刀槽内,旋转大齿轮,使两面刀轴带动面梳向外侧转动,直至梳齿背部平面与前、后导板紧贴。此时两面梳齿部夹角底部宽处应在18 mm左右。从左、右侧检查面梳是否插到刀槽底部。

经检查各部都符合装配要求时,将压板螺钉紧固面梳。

重新检查一遍面梳是否插到刀槽底，成型器前、后导板是否在面梳齿部弯角外紧贴。

（3）分层输送机构工作机制

面条分层输送机构示意图如图3-18所示。

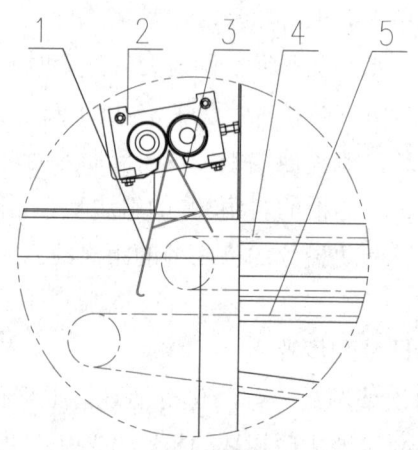

1- 分层装置后导面板　　2- 切丝刀装置　　3- 分层装置前导面板
4- 蒸面机上层输送网　　5- 蒸面机下层输送网

图 3-18　面条分层输送机构示意图

分层机构的原理是，切丝刀切出的面条通过刀梳出条后分成两排，两排面条由分层输送机构导向交接给下道工序蒸面机的上下蒸面网带。以每组12个面盒为例，1、3、5、7、9、11奇数列进入一层蒸面网，2、4、6、8、10、12偶数列进入另一层蒸面网。这样不管是奇数列还是偶数列面条，在连续蒸煮的过程中由于都是间隔排布，因此不会造成面条与面条之间的黏结并条。

11. 单/双层蒸面机

（1）工作原理

蒸面机把面条成型与分层输送机构输出的面条，放在不锈钢网带上，利用减压后的0.3 MPa左右的饱和蒸汽（95~100 ℃），经过一定时间的蒸煮，使淀粉达到一定的糊化度。然后通过输送带风冷后送到下道工序。

连续蒸面机根据结构一般可分为单层蒸面机、双层蒸面机、多层蒸面机。本速煮面生产线由于特定生产工艺需要，设计为单/双层蒸面机，即在生产不同规格速煮面的时候，分别使用单通道或者双通道：在制作特宽面条的时候为了在蒸煮过程中防止面条黏结并条,通过面条分层输送机构,分层输送给蒸面机的上、下层蒸面网带,采用双通道蒸面。而在制作各类波纹面的时候,则使用蒸面机上层蒸面网带单通道蒸面。

(2)结构组成

单/双层蒸面机构造示意图如图3-19所示。

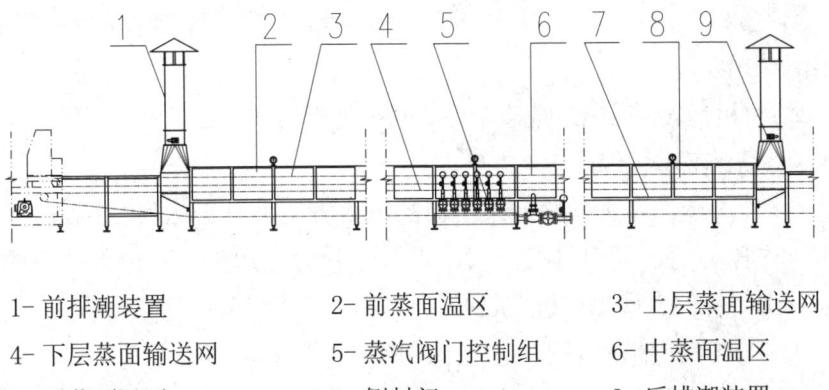

1- 前排潮装置　　　2- 前蒸面温区　　　3- 上层蒸面输送网

4- 下层蒸面输送网　5- 蒸汽阀门控制组　6- 中蒸面温区

7- 后蒸面温区　　　8- 侧封门　　　　　9- 后排潮装置

图3-19　单/双层蒸面机构造示意图

单/双层蒸面机有上、下两层蒸面网带,上、下两层蒸面网带之间有中隔板隔开,形成上、下两个独立的蒸面空间。每层都有独立的蒸汽喷管,每层蒸汽喷管又由3组阀门组控制,分成前、中、后3个温区,根据蒸面工艺要求控制蒸汽压力大小。单/双层蒸面机蒸汽管道布置图如图3-20所示。

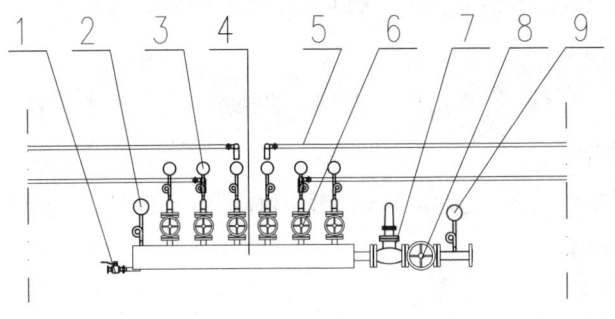

1- 疏水阀　　2- 压力表0~1.0 MPa　3- 压力表0~0.2 MPa

4- 分汽缸　　5- 蒸汽喷管　　　　　6- 截止阀 DN40

7- 减压阀　　8- 截止阀 DN50　　　　9- 压力表0~1.0 MPa

图3-20　单/双层蒸面机蒸汽管道布置图

单/双层蒸面机的上、下层蒸面网带的传动为独立传动,两个齿轮减速机分别带动上、下层蒸面网带的输送，变频调速，两层蒸网同步通过PLC控制。

单/双层蒸面机的侧封门类似于多层蒸面机的双边侧开门，可打开侧门清理、维护、检修。

（3）操作规程

① 整机要清洗干净，去除油污、铁屑等杂物，网带与槽身内部采用食用洁净剂擦洗干净。

② 空机运转30 min，检查链条、网带是否运转平稳，内外网同步协调，不跑偏，无卡滞现象。

③ 检查蒸汽压力站输到本机前的压力表压力是否达到0.4 MPa，校正使用工作压力后，开启进汽阀门，再缓缓开启旁边进入蒸槽的两个阀门，再检查阀门管件、两侧门板密封是否良好。

④ 利用蒸汽清洗蒸槽和运行中的网带、链条。

⑤ 开机运转正常后，再启动蒸汽阀，缓慢地送蒸汽到蒸槽内预热2~4 min，温度表显示温度在90 ℃以上时，才能投料生产。

⑥ 在生产操作中，按照工艺要求对蒸汽压力和蒸汽量调整，以保证产品质量要求。

⑦ 在生产运转时，检查主动、被动链轮与网链的啮合情况，如发现异常时，应停机检修，以保证正常生产。

⑧ 蒸汽喷管的喷孔，由于粉屑清除不干净会引致堵塞，因此要定期清理，使喷孔畅通。

⑨ 生产中接停机通知后，必须将蒸槽内面料全部送到下工序后，才能关闭蒸汽阀门。

⑩ 当班生产完毕，要清理干净槽内及网带的面屑，搞好整机卫生。

12. 风冷输送机

（1）工作原理

蒸面后的面带需要经过冷却方可进入切断入盒工序，不然面带切断入盒后由于面条表面的温度散热，会造成面条的再次粘连。风冷输送机通过安装在输送机架上的风扇给面带冷却。风扇为下吹和上吹组合，也就是在风冷输送网的上方装有风扇往下吹凉面带，在风冷输送网的下方也装有风扇往上吹凉面带，这样有利于面带的正反面同时散热。

（2）作用与功能

一是风冷输送机通过风冷风扇吹凉输送带上面带，使面条表面形成一层保护膜，有利于避免面条粘连。二是上下组合式吹风，面带两面散热，散热均匀。三是风冷风扇为轴流风扇，风量大，散热快。

（3）结构组成

风冷输送机主体由风冷输送网带、风冷输送架体、风扇三部分组成。风冷输送机结构示意图如图3-21所示。

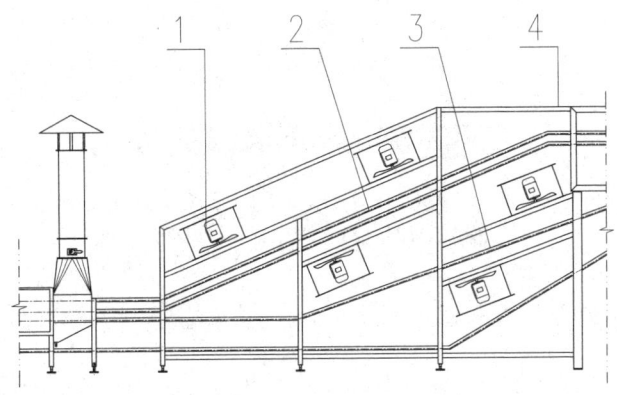

1- 轴流风扇　2- 上风冷输送网　3- 下风冷输送网　4- 机架体

图3-21　风冷输送机结构示意图

风冷输送网带实际上就是蒸面输送网，有上、下两层，上层风冷输送网带输送层和回程平行，下层风冷输送网输送层和回程错开。

风冷输送架体为SUS304不锈钢架体，输送架体前端靠近单／双层蒸面机出口端，输送机架体后端与切断落盒机连接固定。

风扇为圆形筒式轴流风机，风量大，风冷效果好。

13. 切断落盒机

（1）工作原理

切断落盒机用于将已经蒸煮糊化、冷却输送过来的面带按工艺所需要的长度自动切断，切断后的面带通过摆料斗交接给落料斗，落料斗再翻转交接给烘干盒。切断、落料和热风干燥机同步运行。

（2）结构组成

切断落盒机结构示意图如图3-22所示。

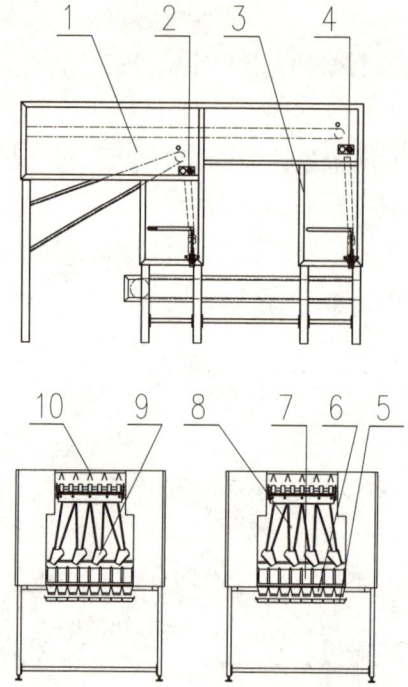

1- 后切断落盒机组　　2- 后定长切断刀装置　　3- 前切断落盒机组
4- 前定长切断刀装置　5- 烘干面盒　　　　　　6- 落料斗
7- 滚料斗　　　　　　8- 导料斗　　　　　　　9- 摆料斗
10- 分行装置

图 3-22　切断落盒机结构示意图

切断落盒机由机架、外封门、切断刀机构、导料斗、摆料斗、滚料斗、落料斗、齿轮减速机、传动机构等部分组成。

机架

机架为不锈钢方管制作，机脚高度可调节。墙板为 8 mm 厚不锈钢板整体激光切割加工而成，左右对称。

外封门

外封门为不锈钢镜面板制作，外形美观，设备档次高。

切断刀机构

切断刀机构由切断刀轴、切断刀、砧轴、轴承座、轴承、油封、轴承端盖、紧固件等部分组成。

切断刀结构可根据实际需求，分为单刀结构和双刀结构。

导料斗

导料斗固定在切断落盒机安装固定板上，导料斗上端靠近切断刀，下端靠近摆料斗。

摆料斗

摆料斗固定在切断落盒机安装固定板上，摆料斗上端贴合导料斗，下端靠近滚料斗，摆料斗通过推杆摆动，摆料斗推杆通过传动机构由切断刀传动。

滚料斗

滚料斗固定在切断落盒机安装固定板上，滚料斗实际为四等分旋转机构，滚料斗的翻滚也是通过切断刀同步传动。

落料斗

落料斗固定在切断落盒机安装固定板上，落料斗上端靠近滚料斗，落料斗下端贴近烘干盒。

（3）功能与特点

切断落盒机与热风干燥机通过旋转编码器测速，PLC控制同步运转。切断后的面条落入面盒的前后位置可通过调整相位差修正。

通过优化设计，本机具有如下优点：一是切断、落盒与烘干同步，旋转编码器测速，PLC控制，落盒定位精准；二是导料斗、摆料斗、滚料斗、落料斗表面镀特氟龙处理，光滑阻力小，物料不粘连。

（4）工作机制

针对不同产品，切断落盒机的配置和结构也有所不同。

双层蒸面的切断落盒

双层蒸面匹配两台切断落盒机。前一台切断落盒机摆料斗固定，摆料斗出口位置对准滚料斗1、3、5、7、9、11空位。面条切断后落入1、3、5、7、9、11空位的滚料斗，通过滚料斗的滚动交接给1、3、5、7、9、11空位的落料斗，再落入烘干盒的1、3、5、7、9、11空位内。同样道理：后一台切断落盒机摆料斗固定，摆料斗出口位置对准滚料斗2、4、6、8、10、12空位，面条切断后落入2、4、6、8、10、12空位的滚料斗，通过滚料斗的滚动交接给2、4、6、8、10、12空位的落料斗，再落入烘干盒的2、4、6、8、10、12空位内。如此两台切断落盒机共同同步完成切断入盒。

根据面饼克重数，可对切断刀数进行设置。

单层蒸面的切断落盒

单层蒸面使用一台切断落盒机。面带通过切断落盒机定长切断后，通过摆料斗的摆动送给滚料斗的1、2、3、4、5、6、7、8、9、10、11、12空位，由滚料斗送给落料斗，然后落料斗交接给烘干机的烘干盒。

14. 气流整形机

（1）工作原理

切断落盒机切断后的面条通过落料斗落入烘干盒内，因为是自然落体，所以面饼在烘干盒内外形不规则，会有凸出或凹陷或者侧偏。气流整形机通过压缩空气的气流实现面饼在烘干盒内的整形，让面条均匀充满整个面盒，整形后的面饼在烘干盒内变得平整规则。

气流整形机与烘干机同步运转，每个面盒吹一次，连续循环工作，每块面饼的吹气时长为一个面盒位移的时长。

气流整形机的使用取代了人工面饼整形，是生产线自动化的重要一环，非手工操作既能节省人力成本，又有利于产品卫生安全。

（2）结构组成

气流整形机由气动控制机构、位移机构、旋转机构、吹气机构、机架、外风罩等部分组成。其结构示意图如图3-23所示。

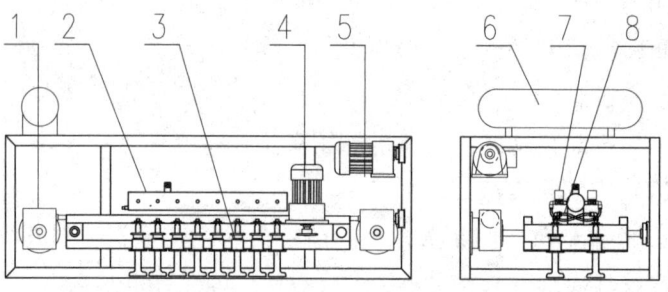

1-蜗轮蜗杆减速机　　2-分气缸　　3-吹气机构　　4-旋转整形机构减速机
5-位移机构减速机　　6-储气罐　　7-电磁阀　　8-气管

图3-23　气流整形机结构示意图

机架

气流整形机的机架为不锈钢方管，外封板为不锈钢镜面板。

气动控制机构

气动控制机构由储气罐、分气缸、气水分离器、电磁阀、气管、气管管件、气压表等部分组成。

位移机构

位移机构由电机、同步带轮、同步带、蜗轮蜗杆减速机、传动轴、偏心轮、轴承、轴承座等部分组成。

旋转机构

旋转机构由减速机、链轮、链条、轴承、紧固件等部分组成。

吹气机构

吹气机构由吹气头、吹气头固定座、轴承、紧固件等部分组成。

（3）功能与特点

一是旋转式整形，整形范围大。二是与热风干燥机同步运行，整形时间长。三是单机2组同步整形，整形效果好。四是每一个整形喷嘴对应一组电磁阀，气压控制稳定。

15. 热风干燥机

（1）工作原理

当面饼由切断落盒机自动切断落入烘干链盒，并经过气流整形机整形后，随面盒的循环运行输送，首先上升到烘干隧道的最上层，然后在隧道中往返运转，并层层下降，最后进入风冷机，经上下循环风冷至出口处。当面盒翻转时，面饼被送给分配输送机送至两侧的包装输送机，最后进行包装。

面饼在隧道中运行的过程中，风机将空气送向隧道顶部，经换热器加热后吹向面饼。面饼在热风的吹拂下，水分逐渐蒸发至干燥。蒸发的水蒸气由隧道顶部的排潮管排出，热风则被风机吸去，再送向换热器加热，循环使用。风机在进风口处还适量吸入新鲜空气，提高循环热风的干燥能力。

速煮面热风干燥机设计为三温区，有利于分段控制烘干温度。前温区为相对高温区，烘干温度为100～110 ℃，相对高温同时配套循环风机的高风压和大风量穿透面饼，有利于面条产生"微膨化"效应，再结合前道工序真空和面的面团高持水量以及蒸面工艺的高糊化度，使面条复水性得到改善，既能满足快煮又能达到速食的效果。热风干燥机的中温区为相对中高温区，烘干温度为85～95 ℃，为主体持续干燥脱水阶段。热风干燥机的后温区为相对中温区，烘干温度为75～85 ℃，为最后干燥脱水并平缓过渡到风冷阶段。

（2）结构组成

热风干燥机主要由烘干机架体、保温门、热风循环组、排潮组、动力传动系统、面盒输送系统、蒸汽控制系统、温度控制系统等部分组成。热风干燥机结构示意图如图3-24所示。

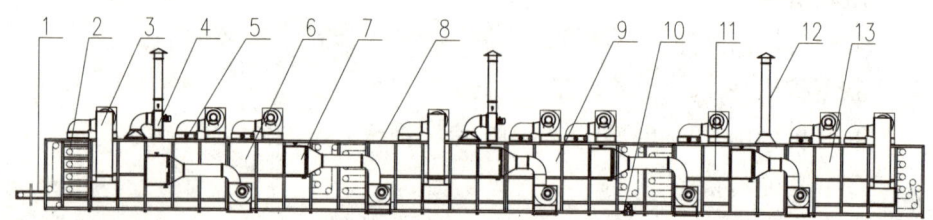

1- 前输入架　　　　　2- 面盒输送系统　　　　3- 顶热风循环装置
4- 强排潮装置　　　　5- 热交换器　　　　　　6- 前烘干温区
7- 侧热风循环装置　　8- 烘干机架　　　　　　9- 中烘干温区
10- 主传动系统　　　 11- 后烘干温区　　　　 12- 自排潮装置
13- 烘干保温门

图3-24　热风干燥机结构示意图

热风干燥机架体

热风干燥机架体分为前排面架体、前动力架、前烘干架、中动力架、中烘干架、后动力架、后烘干架等部分。烘干架体采用矩形管制作，除动力架外，前烘干架、中烘干架、后烘干架都采用上下前后组合方式。

保温门

保温门由保温门外壳、保温棉、内封板、密封条等部分组成。保温棉采用岩棉板，密封条为e型硅胶条。

热风循环组

热风循环组由离心风机、吸风风罩、出风风罩、循环风管、换热器等部分组成，离心风机为速煮面烘干专门设计，风量大，风压高，电机直连，耐高温。吸风封罩入口处带面碎过滤装置，避免面碎进入循环风机。出风风罩有导流板引导气流均匀吹向换热器。换热器为双排钢铝复合管换热器，较传统的绕翅片管式换热器，换热效果更佳。

排潮组

每个温区设置一组排潮组。前温区、中温区为强制排潮，后温区为自然排潮。前温区、中温区排潮风机变频调速，根据排潮量大小调节。排潮组由排潮风机、吸风罩、排潮管、防水雨帽等部分组成。

动力传动系统

动力传动系统由1台齿轮减速机、主传动轴、联轴器、轴承、3台蜗轮蜗杆减速机、链轮、链条、链条张紧机构、紧固件等部分组成。动力传动系统设计为前、中、后三温区动力同时传动，保证动力传动均匀，面盒输送系统运转平稳。由主减速机通过传动轴和联轴器传动给3台蜗轮蜗杆减速机，每台蜗轮蜗杆减速机再通过链传动传给每组主面盒传动轴。

面盒输送系统

面盒输送系统由面盒输送主传动轴、面盒输送被动轴、面盒输送链轮、输送链条、烘干面盒、链条支撑、紧固件等部分组成。由于烘干温度的原因，烘干面盒输送被动轴都有自动张紧调节装置。自动张紧调节装置有两种方式，一种是弹簧式，一种是气缸式。其中气缸式张紧比弹簧式张紧稳定性更好，并且可以通过调节气压大小来控制链条张紧的张力大小。

热风干燥机动力传动系统与面盒输送系统示意图如图3-25所示。

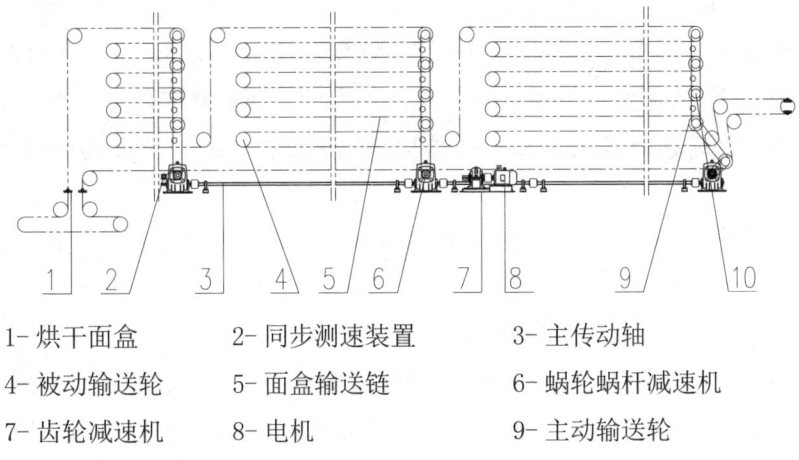

1- 烘干面盒　　2- 同步测速装置　　3- 主传动轴
4- 被动输送轮　5- 面盒输送链　　　6- 蜗轮蜗杆减速机
7- 齿轮减速机　8- 电机　　　　　　9- 主动输送轮
10- 传动链轮

图3-25　热风干燥机动力传动系统与面盒输送系统示意图

蒸汽控制系统

蒸汽控制系统分为总阀门组和单组阀门组。总阀门组由截止阀、过滤阀、分汽缸、疏水阀、电动调节阀、压力表、蒸汽管道、管件等部分组成。热风干燥机分为3个温区，所以设有3组电动调节阀门组。单组阀门组由截止阀、疏水阀、压力表、蒸汽管道、管件等部件组成。

温度控制系统

温度控制系统由温控仪、铂热电阻、传感线等部分组成,温控仪设置生产需要的烘干温度;铂热电阻检测烘干机内温度反馈给温控仪;温控仪控制电动调节阀,比例式调节阀门蒸汽流量大小。

(3) 功能与特点

一是热风循环干燥,节能降耗。二是采用上下循环、前后循环、左右循环三种方式组合式热风循环,全方位烘干,烘干均匀。三是三个独立温区控温,满足不同产品的烘干温度工艺要求。四是温度控制采取电动调节阀,比例式调节进汽量,保持热风干燥机内温度恒定。五是每组热风循环采用单独阀门组控制蒸汽压力,便于调节。六是采用双排钢铝复合管散热器,换热面积大,热传递效果好。

(4) 操作规程

① 根据生产工艺要求调整运行参数。

② 打开蒸汽管道各组阀门,启动循环风机,让蒸汽在烘干机内循环一段时间达到烘干温度后投入生产。

③ 生产过程中,随时根据生产工艺要求调整面饼运行速度,并注意及时调节蒸汽压力和蒸汽流量,以确保满足生产工艺参数的需要。

④ 生产中接到停机通知,必须把热风干燥机内面饼全部输送出来后,才能关闭蒸汽阀及停机。

⑤ 当班生产结束要清理过滤器内面碎和杂质,并清洁干净整机卫生。

16. 冷却机

(1) 工作原理

冷却机的作用是将烘干后的面饼连同链盒,通过离心风机集中送风冷却至常温,然后输送至后段包装工序。冷却的时间视面饼规格不同,为 3~4 min。

(2) 功能与特点

一是多层链盒式输送冷却,冷却机设备长度小,占用车间空间小。二是链盒式冷却,面饼冷却收缩,有利于面饼脱盒。三是集中送风,风量大,冷却效果好,冷却时间短。四是风冷风机进风口带初效过滤器,有利于面饼的安全卫生。

(3) 结构组成

冷却机由冷却机架体、外封门、输送机构、风冷装置、输出装置等部分组成。冷却机构造示意图如图3-26所示。

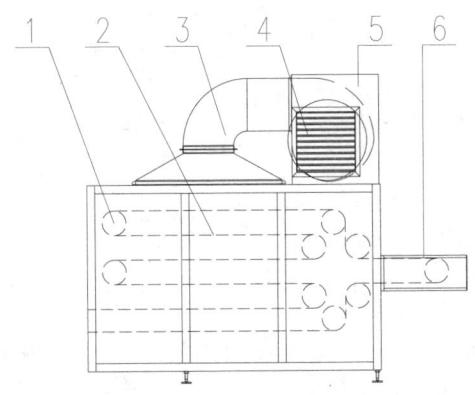

1- 风冷输送轴轮组　　　　2- 风冷输送链　　　　3- 风冷吹风风罩
4- 空气过滤装置　　　　　5- 风冷离心风机　　　6- 输出装置

图 3-26　冷却机构造示意图

冷却机架体

冷却机架体为碳钢矩形管制作，外封门上端为百叶窗，利于散热；下端为可视门，整体外形美观。

输送机构

输送机构由冷却输送传动轴、输送传动链轮、输送链条、输送链盒、链条支撑、紧固件等部分组成。

风冷装置

风冷装置由离心风机、进风口风罩、出风口风罩等部分组成。

输出装置

输出装置包括输出臂、输出传动轴、链盒翻转顶轮、接面弧板等部件。

17. 分流输送机

(1) 工作原理

分流输送机的功能是将冷却机冷却后的面饼进行分配输送，供给多台包装机。拨杆式输送有利于防止面饼相互碰碎、挤压等。分流输送机的输送线速度采用变频调速。

（2）结构组成

分流输送机由输送架体、横梁、前皮带输送装置、拨杆输送装置、分流装置、齿轮减速机等部分组成。分流输送机结构示意图如图3-27所示。

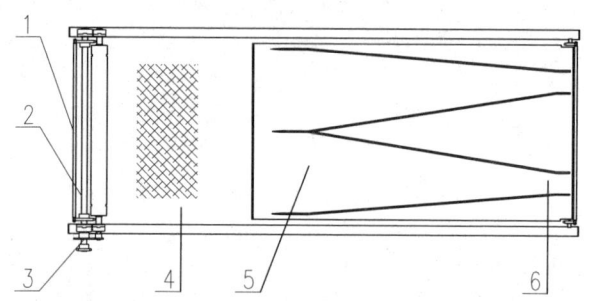

1- 拨杆输送装置　　　　2- 主动轴装置　　　　3- 传动机构
4- 前皮带输送装置　　　5- 分流装置　　　　　6- 出面口

图 3-27　分流输送机结构示意图

输送架体

输送架体为不锈钢方管焊接制作。

横梁

横梁为3.0 mm不锈钢板整体激光切割加工后折弯制作。横梁与架体通过连接板、螺栓固定。

前皮带输送装置

前皮带输送装置由主动输送轴、被动输送轴、轴承、PU输送带、输送带托架、紧固件等部分组成。

拨杆输送装置

拨杆输送装置由主拨杆输送轴、被动拨杆输送轴、拨杆过渡输送轴、拨杆输送链条、链轨、拨杆输送链轮、轴承、拨杆、被动张紧装置、紧固件等部分组成。

分流装置

分流装置由分流板、分流导向条前段、分流导向条后段、出料溜板等部分组成。

18. 包装输送机

（1）功能

包装输送机用于将分流输送机输送过来的面饼输送至包装机的入口处。

（2）构造

包装输送机结构为链板式转弯输送。输送线速度采用变频调速。

包装输送机结构示意图如图3-28所示。

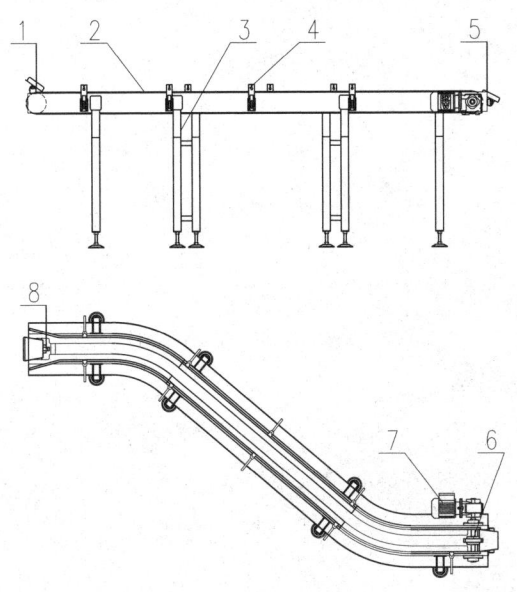

1- 入面导板　　2- 转弯输送链　　3- 机脚　　　　4- 导向条支座
5- 出面导板　　6- 主动轮装置　　7- 齿轮减速机　　8- 被动轮装置

图 3-28　包装输送机结构示意图

19. 电控系统

速煮面生产线由5个电控柜进行控制。

1号电控柜控制面粉筛滤与风送系统、配液与供水系统。

2号电控柜控制粉液高速混合机、连续搅拌输送机、关风供料机、连续真空和面机、连续真空挤片机。

3号电控柜控制面带熟化机、连续压延机、面条成型与分层输送机构。

4号电控柜控制单／双层蒸面机、风冷输送机、切断落盒机、气流整形机、热风干燥机主传动系统。

5号电控柜控制热风干燥机的热风循环装置、排潮装置，并控制冷却机、分流输送机、包装输送机。

整机采用人机界面操控，每个电控柜都采用PLC编程控制，触摸屏操作，自动化程度高。为提高电控柜的可靠性和稳定性，当今制作电控柜一般都采用进口元器件进行装配,如 PLC、触摸屏采用"西门子",旋转编码、光电开关采用"欧姆龙",低压电器采用"施耐德",变频器采用"ABB",等等。

二、生产线的节能降耗减排措施

基于速煮面自动化生产工艺为自主研发的先进制面技术,除少数通用设备(如电动机等)的选型可以采用国内成熟的节能设备之外,多数设备为自行研制的专门设备。为此,速煮面自动化生产线在设计过程中采用了电气自动化节能,设备、工艺优化节能,余热回收与循环利用等一系列技术措施,以达到节能、降耗、减排的目的。

1. 电气自动化节能

一是在生产线的电气系统设计中,综合运用无功补偿、变压器节能、降低电阻损耗、平衡三相负荷等多项节电技术,实现供配电节能。

二是以电机节能为重点。全线电机选型均选用高效率电机。一般说来,高效率电机功率因数比普通电机高出7%~9%,总损耗大幅度减少。

三是广泛使用变频驱动技术。变频技术能够根据工艺要求和负载变化,通过调整电机频率自动调控电机转速,使功率合理输出。变频调速技术具有调速节能、功率因数补偿节能、软启动节能等多方面的节能功效。

2. 设备优化节能

一是对热风干燥机的热风循环系统进行优化设计,通过热交换器、循环风机、排潮装置的合理配置,在烘干隧道内建立合理的热风循环体系。从而实现热能利用效率的最大化,降低蒸汽耗量和废热排放。

二是选用新型钢铝复合管热交换器。与过去普遍使用的绕翅片管式热交换器相比,其换热元件排布更密集,具有结构紧凑、体积小、换热面积大、换热效率高、接触热阻低、气流阻力小等一系列优点,可提高热交换效率10%以上。

三是使用食品热风干燥专用风机。优化设计制造的专用风机具有风量大、风压高等特点,其电机功率小于同等级风量风压的离心风机,节电效果显著。

四是使用带电子定位器的气动薄膜调节阀来控制蒸汽压力。气动薄膜调节阀能够配合温控仪，根据生产工艺要求，比例式调节阀门开关大小，不仅能保证热风温度的高精度恒定，更减少了手动阀门或通断式电磁阀操作的粗放和蒸汽损耗。

五是机械传动机构设计合理。广泛应用一电机带多减速器组合、直线自滑润机构、低阻尼分割器等先进技术，有效降低设备运转负荷，从而减少电能输入。

3. 工艺优化节能

一是采用密闭管道风力输送面粉，不仅效率高，节省人工，而且有效地降低了面粉损耗及车间的粉尘污染。

二是以面带熟化工艺取代面团熟化工艺。将面带熟化机安置在具有保温功能的独立空间内，并在面带熟化机上安装专用的超声波加湿器，起到均匀加湿和自动调控温湿度的作用。与一般的面团熟化方式相比，熟化效率显著提高，有利于节能节电。

三是优化面条蒸煮工艺。采用双层蒸面，独立空间。通过控制蒸汽压力、流量，在每层建立3个温区，以满足面条糊化过程中在不同时间段对蒸汽流量和温度的不同要求，有利于糊化均匀和控制糊化度，有效地降低蒸汽消耗量。

四是采用干法松面工艺替代水洗法松面工艺。在节省浸泡用水的同时，大幅度降低了进入烘干机面条的含水量，从而减少了烘干时间，提高了烘干效率。与水洗面条工艺相比，经干法松面的面条平均缩短烘干过程20%左右，节能效果显著。

4. 余热回收与循环利用

将蒸面过程中产生的冷凝水和热风干燥机蒸汽管道内的冷凝水有组织地导流集中回收，然后把这些热水输送至中央空调或锅炉房二次利用，既节约了热能，又减少了废水排放。

第三节 包装工艺与设备

一、包装的作用与工艺要求

1. 食品包装的作用

食品包装质量是食品质量的重要指标之一。食品的包装赋予了产品鲜明的商品属性,提高了食品的附加值。食品的包装装潢不仅是食品质量信息的载体,同时也是制造商和经销商信息的载体。消费者在选购食品时,往往把包装的品相和档次作为衡量商品质量高低的主要标志。

食品的包装按功能及包装形式的不同,分为内包装和外包装两个层次。内外包装的作用有所不同。内包装是直接接触食品的第一包装层,且很可能是唯一密封的包装层,对阻隔外部环境因素(如空气温湿度、污染物)对食品影响的作用至关重要。在商品流通的诸环节(储存、运输、销售等)中,外包装虽然也能起到一定的阻隔作用,但外包装的主要功能是抗压和方便搬运、码垛,其隔热、防潮、防污染作用十分有限。能左右产品保质期的主要还是内包装。

鉴于此,本书主要讨论速煮面产品的内包装工艺,而装箱等外包装工艺从略。

2. 内包装工艺要求

为了实现上述食品包装的作用机制,速煮面产品的内包装应达到如下工艺要求:

一是要及时包装。如前所述,及时包装是防制面饼"回生"(亦称"老化")的重要措施之一。若面饼在包装前长时间暴露于空气中,"回生"已经发生,则内包装的阻氧性能、防潮性能、避光性能等在很大程度上都失去了意义。因此,经干燥并冷却后的面饼成品应及时进行包装,而不宜长时间裸露放置;更应杜绝将未包装的面饼入库堆放,待到出货前才进行包装的情形发生。应做好生产调度，当班生产的面饼务必当天完成内包装。

二是包装要整齐规范。宜使用性能良好的包装机械，使包装袋裁断尺寸准确，两端切口平直，纵向、横向封口要严密，无破漏。

二、包装形式与包装材料

1. 包装形式

产品的包装形式，应以向顾客提供多种选择机会为宗旨，采取单包、联包、大包装等多种包装规格。

一般说来，无论是圆台形面饼、方块形面饼或梳形面饼，都要将其单个装入无上盖的塑料托盘，然后用枕式包装机将其热封于包装膜袋内，形成一个枕式包装袋。这种单个面饼的枕式包装袋作为产品的基本计数单位，可进一步通过机械或手工将其包装成"六联包""八联包""十联包"，或者装入礼品盒；也可以装入更大容量的包装袋（箱），以方便家庭厨房、餐馆、火锅店、集体伙食单位采购。

需要指出的是，凡梳形面饼均须加塑料托盘进行包装。而圆台形面饼和方块形面饼亦可不加托盘直接包成联包。但在这种情况下，联包的设计要求达到结构合理，面饼码放整齐，面饼之间不易产生位移，特别是联包外部的包装容器要有一定的抗压强度。

2. 包装材料

速煮面产品的包装材料除满足食品安全要求之外，应具有一定阻氧性、隔湿性和避光性。当今一般采用由纸、塑料薄膜、铝（Al）膜等材质经黏合剂复合而成的复合膜袋。其中的塑料薄膜多采用 PE（聚乙烯）、OPP（双向聚丙烯）等材质，复合结构通常有 OPP/AL/PE、纸/PE、OPP/PE 等。而制作托盒的材料则宜选用 BOPS（双向拉伸聚苯乙烯）片材。国家颁布有一系列食品包装材料（容器）的质量安全标准，选用包装材料均须符合相应标准之规定。

预包装速煮面的装潢设计要具有文化性、信息性。其标签标识必须符合国家标准 GB7718《预包装食品标签通则》和国家标准 GB28050《预包装食品营养标签通则》之规定。

三、包装设备选型

按照速煮面产品设计,速煮面的内包装形式为枕式包装。枕式包装是借助枕式包装机,将被包装物包裹于印有彩色图案的带状包装膜中,折边机构从薄膜两侧折叠起来形成筒状,热封装置沿纵向将接缝密封。然后,在输送机构和光电定位装置的同步作用下,热封装置于面饼两端定长位置将筒状包装膜沿横向热压密封起来,切刀随即将其切断,形成一个完整的枕式包装袋。

20世纪80年代以来,随着我国大陆食品装备制造业的快速发展,食品包装机械的制造技术取得了长足的进步。当今,此类适合于多种纸、铝、塑复合包装材料的枕式包装机在技术上已比较成熟,市场上有众多品牌和诸多产品系列可供食品生产厂家选择。但某些特种规格的包装机,如能够自动码放并热封"多层双叠"面饼的自动包装机目前国内还不能生产,此类特殊规格的包装尚需手工辅助操作。

包装机制造商一般从两个方面向用户作产品展示和推介:一是设备的性能,如高速包装机、伺服控制包装机等;二是配套装置,如自动接膜机、各种打(喷)码机、各种自动供料装置等。作为包装机的用户,面对市场上林林总总、品牌各异、技术参数有别、价格不同的枕式包装机,在设备选型时应就下列技术条件进行综合研判。

1. 关于伺服控制

当前,伺服控制技术在包装机械中得到了普遍应用。伺服控制是采用伺服电机对包装机的工作机构施行调控。伺服电机能将输入信号转换成直线位移或角位移,借以改变调节机构的动作。它的特点是转动惯量和时间常数非常小,在启动、停止、反转、变速时非常灵敏,因而适合于自动控制中的迅速定位和跟踪系统的微变量控制。枕式包装机根据功能需要,装配有一系列复杂的操作装置,包括物料进给装置、包装膜进给装置、成型装置、纵向热封装置、定位装置、横向热封切断装置、偏差调整装置等。包装机在运行过程中,所有机构的动作必须同步、协调,如物料和包装膜袋的进给速度必须一致,纵向密封后的筒状薄膜的进给与横向热封切断装置的动作必须协调,包装袋的长度和印刷图案的定位必须准确等。不言而喻，在这些系统中采用伺服控制，能够有效地提高设备的稳定性、准确性和可靠性。

包装机制造商标称的"单伺服""双伺服""三伺服""四伺服"等机器型号，就是指在包装机的多少个系统中使用了伺服电机控制。一般说来，采用多伺服控制的包装机，可以显著地减少甚至消除普通无伺服控制的简易包装机的常见故障，诸如袋长控制不准确、彩印图案偏移、封口不严密、掉包、切包（将包装袋连同内装物料一起被切断）等。当然，伺服控制越多，包装机的价格越贵。建议仔细研判整机的性价比，在有条件的情况下尽可能选用多伺服机型。

2. 关于包装膜供给方式

就包装膜带供给方式分类，枕式包装机分为上送膜和下送膜两种机型。上送膜包装机示意图如图3-29所示。

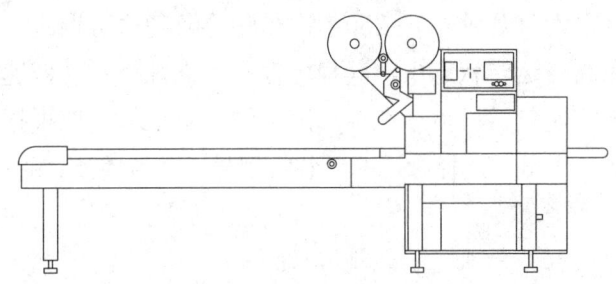

图 3-29　上送膜包装机示意图

上送膜包装机是在机架上方将包装膜张紧，包装膜自物料上方对物料覆盖，从两侧向下对物料进行包裹，然后从物料下部进行纵向热封。这样成型的包装袋正面图案处于被包装物料的上方。对于只有一块面饼的单袋包装来说，这无疑是一种简捷的包装方式。不言而喻，如果将被包装物料事先放置于塑料托盒内再供给包装机，包装效果将更佳。

下送膜包装机示意图如图3-30所示。

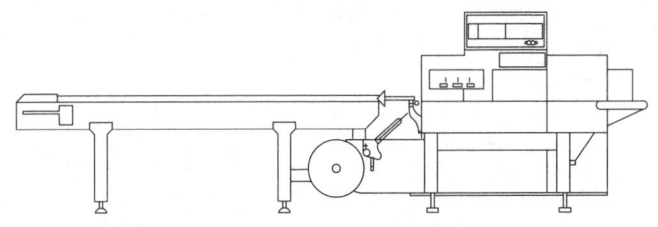

图 3-30　下送膜包装机示意图

下送膜包装机是在机架的下方将包装膜带张紧,并与被包装物料的进给装置相衔接,被包装物料置于包装膜上面,折边机构从两侧由下而上对物料进行包裹,然后在物料的上方沿纵向进行热封。这种成型机制显然不易发生掉包、漏包等故障,而且纵向热封位于被包装物料上方,被包装物料不受加热影响。然而,需要提示的是,如果被包装物是单个面饼加托盒而包装膜是彩印图案且留有视窗时,就不宜使用下送膜包装机了。其原因如上款所述:下送膜包装机包出的枕形袋纵向中缝位于物料的上面,而彩印主图案处于物料的下面,当彩印图案留有视窗的时候,从视窗中看到的是托盒底部而不是面饼,这当然是极不合理的。

3. 关于包装效率

枕式包装机的包装速度主要与被包装物的规格有关,也与包装膜的材质、厚度等参数有关。通常枕式包装机标称的包装速度下限为每分钟30~50包,上限为每分钟150~250包,在此区间之内可调。一般说来,同一款包装机在高速运转状态下,其稳定性和可靠性都不及低速运转状态下好。所以,不宜使包装机持续在标称速度的上限运转。应根据生产线的产能计算出包装工作量,选择合适的包装机型号,并调整到适中的运行速度。

第四章 工厂设计与建设项目管理

第一节 速煮面工厂设计

一、工厂设计工作内容

速煮面工厂的设计工作,是根据项目可行性研究报告或设计任务书关于项目生产技术方案和工程技术方案的要求,对项目的生产系统(包括工艺设备、辅助设施、公用工程)进行设计,形成设计方案。

速煮面工厂作为食品制造业,其设计方案应由工艺设计和非工艺设计两部分组成。其中工艺设计主要包括产品方案及生产规模,物料衡算及能源动力负荷计算,工艺流程及设备设计选型(包括非标设备的设计制造和通用设备、工器具的选型设计),工人劳动定额及岗位配置,主车间工艺布置等;非工艺设计主要包括给排水、供电、供汽、通风、空调等公用工程,厂房结构,仓储、运输设施,厂区平面布局等。

如果不是新建工厂而是在原有工厂基础上进行扩建或改造的项目,那么各项设计都要与原有设施相衔接。应根据新建项目生产技术方案和工程技术方案的需要,对原有设施进行全面、认真地评估,分别制订出合理的改造方案、增容方案或扩建方案。

工厂设计方案要符合国家和地方有关法律法规和行业标准、技术规范的规定。生产工艺流程、厂房、设施、设备、食品安全控制等项设计要符合食品安全国家标准 GB14881《食品生产通用卫生规范》的规定。节能、环保、消防、安全卫生等专项设计要符合国家标准、专业规范的规定。

二、设计方案的深度要求

1. 提供准确可靠的技术数据

工厂设计方案中有关工艺、设备的技术参数，应能满足通用设备选型订货和非标设备设计制造时技术谈判的要求；方案中有关工程的技术数据，应能满足施工图设计和工程招标评标的要求。

2. 出具工程设备造价表

工程、设备造价表是编制投资概算书的依据，一般要提供以下四部分造价表：第一，建筑工程费，包括厂房、辅助用房、仓库、运输设施、公用系统等建筑物、构筑物的工程造价；第二，设备购置费，包括非标设备的设计、制造费用和通用设备、仪器仪表及工器具的购置费；第三，设备安装工程费，包括根据合同规定，在设备运输、安装、能源动力管线敷设联通、设备调试等费用中应由甲方负担的部分；第四，其他费用和不可预见费。

3. 编制工程进度计划

根据各项工程子项的工作量和施工条件，预算出各项工程子项的工期（工期可按工作日数，或周数，或旬数标识）。然后按照线性规划法合理调度施工进度，绘制出横道图（甘特图）。

横道图是第一次世界大战期间美国人亨利·甘特（Henry Laurence Gantt）发明的一种管理工具，所以又称甘特图。甘特图简单、直观而又信息量大，因之在工程管理中得到广泛应用。现以某工厂基建项目中制面车间土建工程项目为例，说明甘特图的建立与使用。

在图4-1所示的甘特图中，横向表示时间进度，纵列表示工程中的一系列子项。每个子项从开工到完成的持续过程分别用粗横线表示。根据工期实际安排情况，"日期"栏最好标示具体的×月×日至×月×日，也可以是连续的天数或星期（周）数。在"工作项目"栏的右方可增设"项目内容摘要"栏，以明确列出工作目标任务和责任。"责任人"一栏可同时标明具体执行人及其主管。图中有的工作项目还可以进一步细分为若干子项，分行标出工程进度。从甘特图中可方便地了解工程进度，各项工作先后承续关系，每天开展的工作面，以及员工当时的工作状态等信息，从而有助于提高工程项目的管理效率。

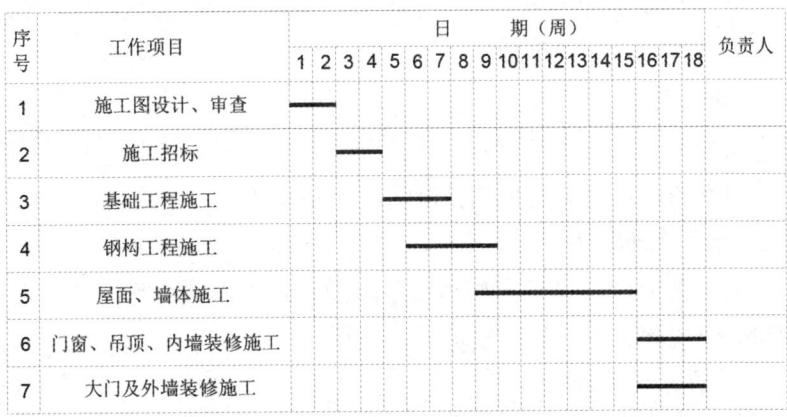

图 4-1　制面车间建安工程甘特图

三、工厂设计的基本程序

鉴于一般工厂在立项之初就已经确定了产品方案和工艺路线，即采用"量身定制"的技术设备组成生产线，形成既定的生产能力。所以当工艺流程和生产规模一经确定，工艺设备的设计就有了基础数据。而工艺设备的设计是其他各项工艺设计的依据，工艺设计又对非工艺设计提出了具体要求。为此，工厂的设计工作应以工艺设备的设计为中心展开。本着这一理念，速煮面工厂的设计工作宜按照以下程序进行。

1. 确定产品规格和生产规模

在确定产品规格，包括面条宽度（细面条或特宽型面条）、面饼形制（圆台形或方块形或梳形）、面饼重量的前提下，拟定设备生产能力（换算为班产量）等基础数据。

2. 机械设备设计选型

如前所述，本项目所采用的生产线为自行研制的非标设备，即整条生产线除包装机外，均须自行设计制作。为此，宜着重做好以下工作：一是按照工艺要求，合理设计生产线的设备配置和各个专用设备的技术参数，保证设备性能满足工艺需要；二是规范履行设备招标程序，认真进行技术谈判，遴选有资质并有技术创新能力的设备制造商承担加工制造和安装调试，以保证设备性能指标达到设计要求；三是不可图省事省钱而以类似的制面机械代替专用的速煮面生产设备，以免导致设备参数不配套或性能达不到工艺要求，而使整个项目功亏一篑。

3. 物料衡算

根据产品方案、生产规模、班产量等一系列基础数据，计算出原辅材料、包装物的消耗定额及采购、运输、仓储周转量，编制物料平衡表。

4. 计算劳动定员

根据工艺流程、设备布局和设备性能，合理设置工作岗位；根据各岗位的职能配置和劳动定额，核定员工编制。

5. 生产车间的设计

一是车间布局设计。首先根据工艺流程和设备规格型号、尺寸、机台数目等基础数据，绘制出生产线平面布置图。在此基础上，合理安排能源动力、给排水、空调设施及清洗消毒设施、工人卫生设施等辅助设施的面积和布局，设计出车间总平面图和立面图。车间布局设计的原则是，按照生产工艺需要，综合考虑人流、物流、气流等因素，做到设备布局合理，人员、物料流动有序，满足设备安全运行和食品卫生操作要求。

二是车间辅助设施的设计。清洁消毒间、包装间、员工更衣室、盥洗室等辅助设施的设计要满足生产工艺需要，其内部配置要符合食品安全国家标准 GB14881《食品生产通用卫生规范》之规定。

三是车间各功能区的地坪、内墙面、屋顶、门窗等设计要符合食品安全国家标准 GB14881《食品生产通用卫生规范》之规定。

四是车间各功能区的给水、排水、供电、供汽、照明、通风等专项工程设计要满足生产工艺需要，并符合专业技术规范之规定。

6. 仓储设施的设计

一是根据物料的周转量、班产量和生产的均衡度，分别计算原料库、辅料库、包装材料库、成品库的库容（或面积）。匡算库容和面积时要充分留出余量，以便在仓库中划分间隔，设置标识，为所存货品的分区码放、分隔放置提供必要条件。

二是结合主车间坐落和生产流程的布局，合理安排仓库位置。诸如原、辅材料库应尽量便于与生产线的投料设备相衔接；包装材料库应邻近生产线的包装区；成品库应位于生产车间包装工区的外部，并尽可能与发货作业平台相衔接，等等。

三是仓库的技术条件要满足所储存货品的技术要求。工厂的主要原料（面粉）和成品，可以存放在常温库中。但需要强调指出的是，常温库亦称"阴凉库"，仓库的温度应保持在26 ℃以下。若以普通的砖混结构或钢构房屋作简易仓库，则每年5～9月份其库内温度往往可达40 ℃以上，在这样湿热的环境中存放原料和成品，无异于对其作"破坏性试验"（食品破坏性试验的温度一般为37 ℃）。在这样的仓库中存放过的食品或食材，其保质期是无法界定的。因此，要根据库房的建筑结构合理设计通风、降温、除湿设施，以保证仓库的温湿度达到要求。同时，要对采光面的窗户进行有效遮挡，以避免所存货品被阳光直接照射。

7. 公用工程的设计

首先合理计算项目的水、电、汽负荷。其中用水量主要包括生产配料用水、设备设施清洁用水、工人卫生用水等；电力负荷主要包括生产线用电，辅助设施设备用电，照明、通风用电等；蒸汽用量主要是生产线的蒸汽耗量（提示：蒸汽压力必须满足热风干燥设备的要求）。然后，以上述数据为依据，设计供水、供电、供汽工程，或对原有供水、供电、供汽系统进行增容改造。

公用系统的设计要严格执行专业技术规范。要采用节能降耗和环保技术，诸如在供电系统中采用平衡三相负荷与线路无功补偿技术；对管线布局进行优化设计，在条件允许的情况下尽可能将变配电设备布置在靠近电力负荷中心处，以最大限度地降低线损，等等。

第二节 生产设施建设中的有关技术问题

一、厂房格局与生产线布置

从速煮面生产工艺和设备的设计方案可以看出,速煮面生产线的体量比较庞大,尤其是生产线的整体长度较长,且适宜于单向直线布置。所以,最佳的厂房建筑格局应是:车间纵向为生产线长度+前段原料周转库+后段成品周转库,车间横向为 N 条生产线并排平行布置的宽度+辅助用房。如果能够在符合上述条件的车间里布置生产线,不但有利于设备的安装、调试,有利于设备运行、维护和生产组织管理,也有利于贯彻实施 GMP(Good Manufacturing Practice,食品生产良好操作规范)。

若新建车间因建筑用地的局限不能达到所需长度,或项目拟利用原有厂房而长度不够,则可因地制宜地按照以下方式布置生产线。

一种方式是采取 L 形布局。即按照工艺流程,在面带连续压延轧辊组的位置设计一个 90°转弯交接机构,以此为转折点,将生产线的前半部分和后半部分相应布置在车间内呈 L 形的区域内。

另一种方式是采取分层布置方式。即把车间建成上、下两层,将生产线的前半部分(一般指蒸面机之前的部分)布置在上层,而将生产线的后半部分布置在下层。在两个楼层之间构筑一个通道,以传送带(一般利用链盒传送带)将上、下楼层的设备连接起来,形成一条连续的生产线。

需要提示的是,一旦决定采取这种 L 形布置方案或分层布置的方案,就应在项目整体设计之前提出,以便对生产线的设计和车间建筑设计统筹规划。一般情况下,宜在生产线设计方案完成并通过充分论证之后,再进行厂房的结构设计。因为生产线一经定型,在安装时是无法"削足适履"的。

二、车间内部结构与安装工程

1. 车间地面及排水设施

车间地面应使用无毒、无味、不渗透、防滑性能好的材料建造。地面与墙壁（包括隔断）的交界处应呈漫弯形，以避免积存污垢并便于清洗。

车间地面要有适当坡度，以保证地面不积水，并使冲洗地面的污水有组织地排放。

在地面最低点设置排水口。在除电控柜之外的其他机器设备下方或附近适当位置，都要设置排水口，以排出设备循环、冷却产生的废水及清洗设施设备所产生的污水。所有的排水口都要安装带水封的地漏。

2. 屋顶、内墙面、门窗的建造要求

车间的天花板或顶棚，在结构上应不利于冷凝水垂直滴落并防止虫害和霉菌滋生，在材质上应易于清洗保洁。为此，如果屋顶内层建筑结构和材料条件许可，建议不再采用传统的"龙骨＋棚板"的方式建造顶棚，而使用无毒、无味、防霉、易清洁的浅色涂料直接喷涂于屋顶上，能够取得良好的效果。

车间内部墙面和隔断，均应采用无毒、无味、防渗透的材料建造。特别是在操作高度（一般指地坪以上1.5 m）范围内的墙面，应光滑、不易积垢且易于清洗。为此，如果墙壁条件允许，建议不再采用传统的白瓷砖制作的墙裙，而以无毒、无味、防霉、易清洗的浅色涂料涂覆于内墙面上，能够取得良好效果。

车间的门窗应闭合严密。洁净作业区与其他区域之间的门应能及时关闭，必要时设置非手动开闭装置和单向门禁装置。车间的窗框一般应与内墙面平齐，不留内窗台。若留有内窗台，则窗台应向下倾斜45°，以防止积累尘垢，便于清洗。一般装有机械通风或空调设施的车间的窗户都是不可开启的。若设有可开启的窗户，则应加装易于清洁的防虫害窗纱。

3. 车间通风、照明设施

生产车间应具有适用的通风措施。通风设施的进风口、排风口均应装置能有效防止虫害侵入的网罩，并定期清洁、维护。

生产线热风干燥机冷却段的出料口，应安装在包装间之内。包装间应设置空气过滤净化装置并定期清洁、维护。

　　厂房内应有充足的自然采光和人工照明，以保证作业区的照度满足生产操作需要。一般要求是，检验场所工作面混合照度不应低于540 Lx，加工场所工作面混合照度不应低于220 Lx，其他场所混合照度不应低于110 Lx。特别提示：凡安装于工作台、暴露的食品或原材料正上方的照明灯具，均应为带有防护罩的安全灯具。

三、更衣室、工作服、个人卫生设施

1. 更衣室、盥洗室的面积与布局

　　工人在作业前"将手洗净，穿戴洁净的工作衣、帽等"的规定，不仅见于食品安全国家标准GB14881《食品生产通用卫生规范》等多项技术法规的条文中，而且被写入了《食品安全法》第三十三条。工人进入车间前更衣、洗手的重要性不言而喻。然而，在实践中，若工作服与个人衣物混合放置，或者已更衣人员和未更衣人员未能"各行其道"，则极有可能发生交叉污染，导致更衣、洗手形同虚设，并在一定程度上增加了食品安全风险。鉴于此，工人上岗前的更衣、洗手必须符合规范。从硬件设施上讲，更衣室、盥洗室的布局应科学合理，面积应满足设备配置和人员活动的需要。其中，更衣柜的容积和分格应能保证工作服与个人服装及其他物品分开存放。

　　在此推荐一款更衣室、盥洗室的平面布局图，如图4-2所示，并借助该图阐明正确的更衣、洗手程序。

　　当员工从考勤室进入更衣室后，循浅色通道到达本人的更衣柜前。先将须更换的外衣脱下放入更衣柜个人衣物专区，再借助坐具4穿戴工作服并换鞋（或套上鞋套），然后转身跨过坐具进入彩色地板区域，循彩色通道进入盥洗室。按规定的"七步洗手法"洗手后，经过风淋通道和鞋靴消毒池从单向感应门9进入车间作业区。当员工从车间作业区出来时，须从单向感应门10进入更衣室，然后循彩色通道回到本人更衣位置。先借助坐具4完成换鞋（或摘下鞋套）、脱去工作服并放回原位等动作，再在浅色地板区域穿戴本人衣物，并循浅色通道离开更衣室。显然，施行这一操作程序，可以有效地避免交叉污染，有利于食品质量安全控制。

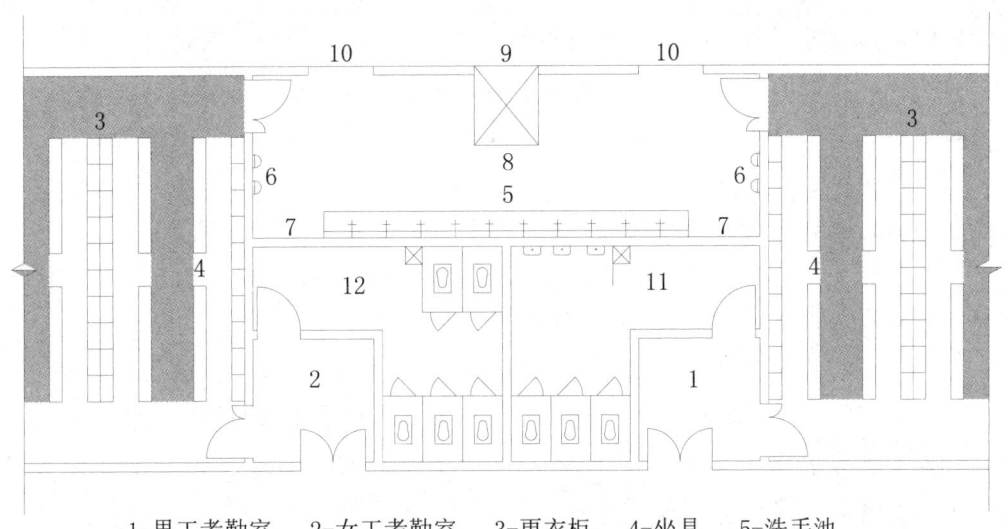

1-男工考勤室　2-女工考勤室　3-更衣柜　4-坐具　5-洗手池
6-干手器　　　7-穿衣镜　　　8-鞋靴消毒池及风淋通道
9-车间入口　　10-车间出口　　11-男卫生间　　12-女卫生间

图 4-2　更衣室、盥洗室平面布置图

根据车间整体布局和内包装工段员工配置情况，有条件时，可分设一套更衣室、盥洗室，专供进入内包装间的工人使用，或者在内包装间和内包装拆包消毒间的入口处加装风淋通道及洗手设施。

2. 工作服的配备

为方便各岗位工人操作，工作服的配备应为"帽、衣、裤、鞋式"，不建议使用白大褂。工作服的颜色宜为浅色，工作服的材质应便于清洗。工作服上不宜设置口袋，以避免口袋内物品遗落在作业现场。

3. 盥洗室设施

洗手池应采用光滑、易清洁的材质制成，其构造应易于清洗消毒。洗手所用水龙头应为非手动开关，水龙头的数量应与当班工人数量相匹配。应配备肥皂和消毒液，并在洗手池上方显著位置标示《七步洗手法图解》。不建议使用纸巾或毛巾擦手，而应配置热风干手器。

四、质检中心建设

质检中心是工厂质量安全管理部门下属的职能机构。质检中心的职能，一是对所采购的原辅材料、包装物按规定索证索票并进行实物检验,建立物料入库检验记录,对不合格品的退、换货处理进行监督。二是对产品进行检验,建立成品检验记录,对合格品签发合格证,对不合格品的处理进行监督。三是按照工艺流程和质量卫生控制的需要,对中间品的指定项目进行检验,出具中间品检验报告或原始记录,作为优化工艺参数、提高产品质量、实施危害分析和关键控制点控制体系的数据支撑。鉴于此,质检中心应具备与所检验项目相适应的检验室和仪器设备,由具有相应资质的检验人员按规定的检验规程进行检验。

根据速煮面生产工艺流程的特点和原辅材料、产成品、半成品(中间品)的实际情况,质检中心应设置原料验收室、检验室(包括理化实验室和微生物实验室)和感官鉴评室,并分别配置必要的仪器、设备、设施,形成相应的检测手段。

1. 原材料验收室

原材料验收室负责对所采购的物料,包括小麦粉、食用盐、食用碱等原料,以及包装膜袋、塑料托盒、包装箱等包装物进行验收。验收的程序是:首先,查验发票、合格证和实物的数量,看货、票、证是否相符;其次,对货品进行感官检测,看感官性状和规格、尺寸等是否合格;再次,有必要时,对有关货品的有关项目(如小麦粉的面筋质、水分、灰分等理化指标)送实验室检验。为此,原材料验收室应配备必要的量具和衡器,如直尺、钢卷尺、卡尺、测厚规、电子秤、台秤等。(有条件的质检中心可在实验室配置粉质仪、马弗炉等仪器设备,用以检测小麦粉的理化指标。)

2. 检验室(理化实验室和微生物实验室)

理化实验室和微生物实验室负责检测成品、中间品的感官指标(主要是净含量偏差、状态、色泽、滋味、气味)、理化指标(主要是水分)、污染物限量(主要是铅)、致病菌限量(主要是金黄色葡萄球菌)。为此,理化实验室和微生物实验室应配置下列仪器设备:分析天平(感量0.1 mg)、干燥箱、灭菌锅、恒温水浴锅、超净工作台、微生物培养箱、生物显微镜、冰箱,并应配备检测项目适用的试剂、耗材、工具、器皿等。以上检测设备中,凡属计量仪器,如分析天平,必须定期经有资质的计量检定机构进行检定。

理化实验室与微生物实验室应分开设置,不宜同处一室。检验室的实验台、试剂架等要按相关标准配置。实验室内的照明、空调、水槽及给排水等设施要符合相关要求。

3. 感官鉴评室

有条件的质检中心，宜设置相对独立的感官鉴评室。感官鉴评室的用途，一是作为日常对产品的感官指标（主要是净含量偏差、状态、色泽、滋味、气味）进行检验的场所，二是作为按期对产品的口感等感官质量进行品评、鉴定的场所。为此，感官鉴评室应设置合适的工作台，应配置感量为0.1 g的天平或电子秤、电磁炉、开水壶、烧杯、玻璃皿、白瓷盘及刀、叉、筷子等用具，并应设置盥洗台。应保证感官鉴评室在使用时空气流通，温度适宜，台面应有充足的照度，且光源应使物品显示其本身真实的颜色。

第五章 质量技术管理的若干基础工作

第一节 产品标准

一、贯彻执行食品安全国家标准

GB17400-2015《食品安全国家标准 方便面》对 GB17400-2003《方便面卫生标准》进行了修改。其中,将"方便面"定义为"以小麦粉和/或其他谷物粉、淀粉等为主要原料,添加或不添加辅料,经加工制成的面饼,添加或不添加方便调料的面条类预包装方便食品";将"面饼"定义为"以小麦粉、大米和/或其他谷物粉、淀粉等为主要原料,经加工制成的多种形式的面条";并且明确将"煮面"列入方便面序列。

食品安全国家标准是强制性标准。速煮面作为一款预包装面条制品,应执行 GB17400《食品安全国家标准 方便面》。该标准对"非油炸面饼"规定的技术要求包括感官指标(色泽、滋味、气味、状态)、理化指标(水分)、污染物限量(铅)、致病菌限量(金黄色葡萄球菌)、微生物限量(菌落总数、大肠菌群,适用于面饼和调料的混合检验)、食品添加剂的使用应符合 GB2760 的规定。

《食品安全法》规定,国家鼓励食品生产企业制定严于食品安全国家标准或地方标准的企业标准,在本企业适用,并报省(自治区、直辖市)人民政府主管部门备案。

二、制定企业标准

根据《中华人民共和国标准化法》的规定，企业可以根据需要自行制定企业标准，或者与其他企业联合制定企业标准。国家鼓励学会、协会、商会、联合会、产业技术联盟等社会团体协调相关市场主体共同制定满足市场和创新需要的团体标准，由本团体成员约定采用或者按照本团体的规定供社会自愿采用。众所周知，速煮面是不同于其他预包装面条制品的新产品。它在制面工艺，特别是面团调理、面条成型上有诸多独到之处；它的感官质量指标，尤其是面条的外观、口感、风味，以及食用方法更是迥异于其他面条制品。因此，现行预包装面条制品的行业标准，均不完全适用于本产品。鉴于此，生产企业宜参照相关国家标准、行业标准的要求，制定速煮面的企业标准，经备案后作为组织生产、质量控制和监督检查的依据。此举不仅有利于企业提高产品质量，推进技术进步，而且有利于保护消费者合法权益，改善营商环境，增加社会经济效益。

为了制定一部高水平的企业标准，应着重做好以下工作。

1. 标准内容要翔实

按照国家标准 GB/T1.1《标准化工作导则第1部分：标准的结构和编写》的规定，速煮面的企业标准文本应涵盖下列内容：前言、范围、规范性引用文件、分类、术语和定义、原辅料要求、产品技术要求（包括感官要求、理化指标、污染物指标、微生物指标）及试验方法、标志、标签、包装、运输和贮存等。现就其中部分条目的编写做出提示：

标准的名称，即产品的名称，建议为"速煮面"，以便与其他类似的预包装面条产品相区别。

建议在"范围"和"术语和定义"条目中，对产品的生产工艺特点进行表述，如面团调制工艺、面条成型工艺、蒸煮工艺、干燥工艺等。

建议在"分类"条目中，标明细面条、特宽型面条（烩面）两种类型。

在"原辅料要求"条目中，应标明食品添加剂碳酸钠的使用符合 GB2760《食品添加剂使用标准》的要求。

在"感官要求"条目中，建议对面条的几何形状和尺寸进行描述；对面条复水后的口感，包括筋度、弹性、爽滑性进行描述；对面条复水后的麦香味进行描述。

关于产品的理化指标。GB17400中对非油炸面饼的水分含量规定为≤14 g/100 g，建议本标准中规定水分≤12 g/100 g。（水分≤12 g/100 g已经过验证。若将此指标定为≤10 g/100 g，则应进行验证。）并建议在"理化指标"条目中规定净含量负偏差值。净含量负偏差值应符合国家计量技术规范JJF1070《定量包装商品净含量计量检验规则》之规定。

产品的污染物限量、致病菌限量、微生物限量应符合GB17400对非油炸面饼的规定。

应对产品的保质期作出规定。产品保质期是指产品在标明的贮存条件下保持品质的期限。笔者不建议从长标注保质期。

2. 标准格式要规范

标准文本的格式，应当根据GB/T 1.1《标准化工作导则第1部分：标准的结构和编写》的要求，按照章、条、段的层次结构编写。标准文本的字号和字体，要严格执行以下规定。

封面部分："企业标准"用二号黑体；标准编号用四号黑体；标准名称"速煮面"用一号黑体；发布实施日期中"发布""实施"用三号黑体，日期用三号阿拉伯数字，年、月用半字线标示；发布企业名称用二号宋体，"发布"用三号黑体。

前言部分："前言"用三号黑体，内文用五号宋体。

内文部分：标准名称用三号黑体；章、条题目用五号黑体；内文用五号宋体；图、表题目用五号黑体，表中文字用小五号宋体。

3. 企业标准应申报备案

企业标准编制完成后，应报省级主管部门备案。申报备案时，应按要求填写《企业标准备案登记表》，提交标准文本及其编制说明，并提交所要求的相关材料作为附件。以上材料经主管部门安排公示并审核后，主管部门在标准文本封面上标注备案号并加盖备案专用章，作为企业标准备案的凭证。

第二节 产品标签

一、标签内容与标示方法

《中华人民共和国食品安全法》第六十七条规定，预包装食品的包装上应当有标签，同时规定了标签应当载明的具体事项。国家标准GB7718《预包装食品标签通则》规定了食品标签的基本要求和标签标示内容。国家标准GB28050《预包装食品营养标签通则》规定了预包装食品营养标签的基本要求、强制标示内容和可选择标示内容。

根据上述一系列法律和技术规范的要求，预包装速煮面的标签应标示下列内容：食品名称，净含量和规格，配料表，营养成分表，生产者名称、地址和联系方式，生产日期，贮存条件，保质期，食品生产许可证编号，产品标准代号；还可以标示烹调方法等对消费者有帮助的文字和图形。

需要提示的是，根据规定，上述强制标示内容的文字、符号、数字的高度不得小于1.8 mm，其中净含量及规格字符的高度不小于3 mm（包装单个面饼，净含量在200 g以下时）或4 mm（包装多个面饼，净含量在1 kg以下时），且净含量及规格应与食品名称在包装物的同一展示版面标示。

二、配料表的编制

按照国家标准GB7718《预包装食品标签通则》的规定，预包装速煮面配料表的编制应遵循以下原则：一是各种配料应按投料量的递减顺序一一排列（加入量不超过2%的配料可以不按递减顺序排列）；二是食品添加剂应当标示其在GB2760中的食品添加剂通用名称（食品添加剂的通用名称可以标示为食品添加剂的具体名称）；三是在食品制造过程中加入的水应在配料表中标示，但在加工过程中已挥发的水不需要标示。

按照上述原则，速煮面面饼的配料表应为小麦粉、食用盐、碳酸钠。

三、营养成分表的编制

1. 推行食品营养标签的意义

食品营养标签是向消费者提供食品营养信息和特征的说明，也是消费者直观了解食品营养组分、特征的有效方式。根据《食品安全法》有关规定，为规范和指导我国食品营养标签标示，引导消费者合理选择预包装食品，逐步减少食用盐、脂肪和糖的摄入量，促进公众膳食营养平衡和身体健康，同时推动食品生产企业提高食品营养价值，促进产业健康发展，国家颁布了食品安全国家标准GB28050《预包装食品营养标签通则》，于2013年1月1日起正式实施。

2. 营养标签的内容及标示方法

按照GB28050的规定，预包装食品营养标签强制标示的内容是：能量、核心营养素的含量值及其占营养素参考值（NRV）的百分比（NRV%）。核心营养素包括蛋白质、脂肪、碳水化合物、钠。该标准规定的能量和核心营养素参考值（NRV）为：能量8400 KJ、蛋白质60 g、脂肪≤60 g、碳水化合物300 g、钠2000 mg。（其中，能量相当于2000 Kcal，蛋白质供能占13%，脂肪供能占27%，碳水化合物供能占60%。）

该标准同时规定，在产品保质期内，能量和营养成分含量的允许误差范围是：蛋白质、碳水化合物允许≥80% 标示值，能量、脂肪、钠允许≤120% 标示值。据此规定，企业在编制营养成分表时，可以对标示的数值进行合理的修约。

国家标准GB28050规定了预包装食品营养标签的6种格式。结合速煮面产品的实际情况，预包装速煮面的营养标签选择仅标示能量和核心营养素的格式，如表5-1所示。

关于表中能量和营养成分含量是以每100 g产品的含量来标示还是以每份产品中的含量来标示的问题。考虑到预包装速煮面面饼的规格多为60~80 g，若标示为每100 g面饼中的营养成分含量，消费者要了解这一份面饼中营养成分的含量，还要经过换算。因此，建议按"每份（xx g）"标示能量和核心营养素成分含量，有利于消费者方便、直接地读取营养成分信息。

表 5-1 营养成分表

项目	每 100 g 或每份	营养素参考值 % 或 NRV%
能量	千焦（KJ）	%
蛋白质	克（g）	%
脂肪	克（g）	%
碳水化合物	克（g）	%
钠	毫克（mg）	%

3. 营养成分表的编制方法

GB28050规定，食品营养成分含量可通过产品检测或原料计算的方法获得。在此，以编制每份80 g的面饼的营养成分表为例，介绍采用原料计算法编制营养成分表的方法步骤。

第一步，根据产品配方列出原辅材料清单。按照配料作业指导书的数据，每投料25 kg小麦粉（含水率14%左右），可产出规格为80 g的面饼（含水率12%以下）300块，相当于每块面饼使用小麦粉83 g。食用盐按面粉质量的1.5%添加，每份面饼食盐（NaCl）含量1245 mg。食用碱（碳酸钠）按面粉质量的0.2%添加，每份面饼碳酸钠（Na_2CO_3）含量166 mg。

第二步，查阅《中国食物成分表》等权威数据库资料，得到所使用某等级小麦粉的核心营养素含量：蛋白质10.4 g/100 g，脂肪1.1 g/100 g，碳水化合物75.9 g/100 g，钠1.5 mg/100 g。

第三步，通过上述数据，计算出每份（80g）面饼中核心营养素含量：蛋白质8.6 g，脂肪0.9 g，碳水化合物63.0 g，钠562 mg。

第四步，根据产能营养素的能量折算系数（生理卡价）：蛋白质17 KJ/g、脂肪37 KJ/g、碳水化合物17 KJ/g，计算出每份面饼的能量值：17 KJ/g×8.6 g＋37 KJ/g×0.9 g＋17 KJ/g×63.0 g＝1250.5 KJ。

第五步，结合能量及各营养成分的允许误差范围，对能量和各营养成分数据进行适当的修约。例如，此处对能量、脂肪、钠三项数据分别乘以110%，对蛋白质、碳水化合物两项数据分别乘以90%，得到修约后的能量和营养成分数据为：能量1375 KJ、蛋白质7.7 g、脂肪1.0 g、碳水化合物56.7 g、钠618 mg。

第六步，根据GB28050规定的营养素参考值（NRV）：能量8400 KJ、蛋白质60 g、脂肪≤60 g、碳水化合物300 g、钠2000 mg，计算出能量及核心营养素含量占营养素参考值的百分比（NRV%）。与修约后的营养成分数据一起，组成面饼的营养成分表，如表5-2所示。

表5-2 营养成分表

项目	每份（80 g）	NRV%
能量	1375 KJ	16%
蛋白质	7.7 g	13%
脂肪	1.0 g	2%
碳水化合物	56.7 g	19%
钠	618 mg	30%

第三节 质量安全管理软件

一、质量和安全是食品生产经营永恒的课题

食物的安全、营养和感官性状是食物必备的三个要素。营养是人们进食的目的，安全是获得营养的前提，感官性状是食物价值的具体体现。众所周知，获得全面、均衡的营养是可以通过摄取不同的食物来实现的，而安全和感官指标则是由每一份食物本身所决定的。因此，提高产品质量，保证食品安全，既是食品生产企业的经营目标，也是食品生产企业的社会责任。企业应按照国家相关法律法规和技术规范的要求，建立健全本企业的质量安全控制体系，包括设置质量安全管理机构和配备质量安全管理人员，制定产品质量管理和食品安全管理规章制度并组织实施，切实把企业质量管理和食品安全管理责任制落到实处。其中，制定一整套完善的、科学的、合法合规并符合企业生产经营实际的质量安全管理规章制度和标准

化操作规程,是建立健全企业质量安全控制体系的重要基础工作之一。

二、质量安全管理软件的内容

结合速煮面工厂生产经营的实际,速煮面工厂应制定以下几个系列的规章制度和 SOP (Standard Operating Procedure,标准化操作规程),组成企业的质量安全管理软件体系:一是机构和人员管理,二是生产设施维护和工艺条件保持,三是原材料管理,四是生产过程控制,五是成品检验及贮存运输管理,六是投诉受理、不合格品召回制度。在上述规章制度的条款中,均应体现严格实行记录管理和文件管理的内容,科学设置记录和台账的项目和格式,明确规定记录文件的存档要求,使记录文件所载入的事项均具有可追溯性。

下面就上述六个方面的内容,列出速煮面工厂质量安全管理规章制度推荐清单。

1. 机构和人员管理

① 建立本企业质量安全管理机构,确定机构设置、职能配置和人员编制。明确企业主要负责人为企业产品质量和食品安全第一责任人。在原材料控制、生产关键环节控制、检验控制、仓储和交付控制等重要环节、关键岗位,配备专职或兼职的质量安全管理人员。

② 建立质量安全责任制,明确各级各岗管理人员、技术人员、生产操作人员的职责、权利、义务及相应的考核办法。

③ 建立全员产品质量和食品安全知识培训制度。结合岗位技能培训,提高员工对贯彻执行质量安全法律法规和企业各项质量安全规章制度的意识和责任心。制定具体的年度培训计划,对培训内容、时间、组织实施条件等方面做出具体安排,并以适当形式对培训效果进行考核,考核结果载入员工人事档案。

④ 建立从业员工健康管理制度。对员工体检、健康档案管理、患病员工的调岗办法等做出规定。

⑤ 制定更衣室管理和工作服管理制度。制定进入作业区的员工的个人卫生要求和整理个人卫生(更衣、洗手等)的 SOP。

2. 生产设施和工艺条件

① 制定厂房设施检查维修制度，对车间、仓库的建筑及装修、给排水、动力、照明、通风、温控设施、防污染防虫害设施，以及更衣室、盥洗室等卫生设施的检查、维修做出具体规定。

② 建立严格的生产设备和工器具检查、维修制度和清洗保洁制度，并分解纳入各岗位操作工的SOP。

③ 建立完善的检验室管理制度，包括检测仪器设备的维护、保养、检定制度，各项检验操作SOP，采样、检验原始记录和检验报告的管理制度，产品留样制度等，并对委托检验的审批程序和送检流程做出规定。

3. 原材料管理

① 制定原材料（包括主料、辅料及包装材料）采购、验收制度。明确索证、索票、计量、感官检验，必要时进行实验室检验的具体项目和操作程序，对验货记录（台账）的内容、格式、签字人的权限等做出具体规定，对退换货的审批权限、操作程序、处理结果的记录报告等做出具体规定。

② 制定原材料入库和出库（领取）管理制度。严格登记物料名称、生产商、批次（生产日期）、数量、质量状况、入库出库时间、经手人等信息，对原料入库、出库记录（台账）的管理做出规定。

③ 建立原料仓库管理制度和库管人员岗位责任制。对仓库运行的技术参数（温、湿度等）进行全过程记录，把分区码放、先进先出的原则和防变质、防过期的措施落实到位。

4. 生产过程的质量安全控制

① 根据工艺流程，制定各工序的作业指导书。作业指导书的内容应包括原料配方、投料方法、机械设备和工器具的技术状态、作业步骤、加工方法和操作要领，该工序产品（中间品）的工艺效果和评价方法。

② 根据各工序的作业指导书，建立各岗位工人的SOP，包括标准化操作规范和安全操作规程。前者是加工操作程序，要规定具体的操作步骤、操作技法，每一步操作的工艺参数和应达到的工艺效果，以及技术指标异常的纠偏预案。后者是操作过程中的安全措施，要从人、机两个方面规定加工过程中对中间品污染风险的控制措施。同时，要将作业场所的卫生管理制度、生产设备的维护保养和清洗消毒管理制度进行分解，纳入各岗位工人的SOP中。

③ 应用 HACCP (Hazard Analysis Critical Control Point, 危害分析和关键控制点) 的控制方法, 选定工艺流程中的若干关键环节（如投料、和面、熟化、压延、成型、蒸面、干燥、内包装等), 对中间品的质量和安全指标进行监控。监控的重点是中间品的工艺效果、感官指标、水分、净含量负偏差、致病菌限量等。要对监测频率、取样点、取样和检验方法、评判原则和整改措施等做出具体规定, 并完善记录及存档管理。

5. 成品检验及仓储管理

① 制定成品检验和合格证签发制度。对成品检验项目、取样和检测方法、检测过程和检测结果的记录、合格证签发权限做出规定, 并对不合格品的处理做出规定。

② 建立成品库管理制度和库管人员岗位责任制。严格入库手续, 完善记录（台账）管理。建立仓库运行技术条件的监控和记录体系。

③ 制定产品出库、交付管理制度。如实记录出厂产品的名称、规格、数量、生产日期（批号）、购货者名称及联系方式、检验合格单等内容, 并对记录（台账）的存档管理做出规定。

6. 消费者投诉、产品召回

制定消费者投诉受理制度、问题产品召回管理制度和食品安全事故处置预案。要求对投诉的受理和处理、问题产品的召回和处理、食品安全事故的处置过程如实做出记录, 并对记录和原始资料的归档做出规定。

第四节　申办生产许可

一、食品生产许可制度

根据《食品安全法》、《食品安全法实施条例》和《食品生产许可管理办法》等法律法规的规定, 国家对食品生产实行市场准入制度, 即凡从事食品生产活动, 必须依法取得食品生产许可；未取得食品生产许可而从事食品生产活动的，由主管部门依照《食品安全法》第一百二十二条的规定给予处罚。

按照规定，食品生产许可实行一企一证原则，即同一个食品生产者从事食品生产活动，应当取得一个食品生产许可证。食品生产许可证上记载有生产者名称、社会信用代码、法定代表人（负责人）、住所、生产地址、食品类别、许可证编号、有效期、日常监督管理机构、日常监督管理人员、投诉举报电话、发证机关、签发人、发证日期和二维码。其中，食品生产许可证编号由SC("生产"的汉语拼音首字母缩写）和14位阿拉伯数字组成。数字从左至右依次为：3位食品类别编码、2位省（自治区、直辖市）代码、2位市（地）代码、2位县（区）代码、4位顺序码、1位校验码。食品生产许可证的有效期为5年。持证人需要延续食品生产许可证有效期的，应当在该食品生产许可证有效期届满30个工作日前，向原发证部门申办延续。

实行食品生产许可制度，是国家建立健全食品安全监管体制，以法制方式维护食品安全的重大举措。企业应按要求提交申请文书，认真配合材料审核和现场核查，切实落实整改措施；取得生产许可后依法开展生产活动，并在日常生产活动中接受主管部门的监督管理。

二、申办食品生产许可工作程序

1. 提交申请材料

申请食品生产许可，应向许可受理部门提交下列材料：

① 食品生产许可申请书。

② 营业执照复印件。

③ 食品生产加工场所及其周围环境平面图、生产加工场所各功能区间布局平面图、工艺设备布局图和生产工艺流程图，其中生产加工场所及其周围环境平面图、生产加工场所各功能区间布局平面图、工艺设备布局图应按比例标注。

④ 主要生产设备、设施清单。

⑤ 管理制度目录及文本，包括原辅材料及包装材料验收、生产过程控制、成品检验交付、食品安全自查、从业人员健康管理、不安全食品召回、食品安全事故处置等规章制度和记录。

⑥ 试制产品的检验合格报告。该报告可由申请人自行检验或委托有资质的食品检验机构出具，检验结果依申报产品所执行的食品安全标准和产品标准判定。

2. 配合材料审查和现场核查

根据规定，申请食品生产许可的材料受理后，主管部门要组织对材料进行审查并进行现场核查。申请人应按照材料审查和现场核查的内容和要求，切实配合主管部门的材料审查和现场核查工作。

材料审查主要是对申请人提交的申请材料的完整性、规范性、符合性进行审查。完整性是指申请人按照《食品生产许可管理办法》等要求提交相应材料的种类齐全、内容完整、份数符合管理部门规定。规范性是指申请人填写的内容、格式符合材料规定的内容、格式要求。符合性是指申请材料的有关内容如身份证、营业执照等与原件保持一致的情况。申请书应当使用签字笔、钢笔填写或打印，字迹应当清晰、工整，修改处应当签名并加盖申请人公章；申请人名称、法定代表人或负责人、社会信用代码或营业执照注册号、住所等填写内容应当与营业执照一致；营业执照载明的经营范围应当包括食品生产，且营业执照应在有效期限内。

现场核查主要是对申请材料与实际情况的一致性、合规性进行核查。一致性主要指申请人提交的材料是否与现场一致。合规性主要是指生产场所、设备实施、设备布局与工艺流程、人员管理、规章制度，以及试制品的检验合格报告是否符合规定和要求。

在生产场所方面，核查申请人提交的材料是否与现场一致，其生产场所周边和厂区环境、布局和各功能区划分、厂房及生产车间的建筑和装修等是否符合有关规定和要求。

在设备设施方面，核查申请人提交的生产设备设施清单是否与现场一致，生产设备设施材质、性能等是否符合规定并满足生产需要；申请人自行对原辅材料及出厂产品进行检验的，其检验仪器设备设施是否满足检验需要。

在设备布局与工艺流程方面，核查申请人提交的设备布局图是否与现场一致；设备布局、工艺流程是否符合规定要求，并能防止交叉污染。

在人员管理方面，核查申请人是否配备申请材料所列明的食品安全管理人员及专业技术人员；是否建立岗位培训制度；是否建立员工健康管理制度，从事食品生产的员工是否取得健康证明。

在规章制度方面，核查申请人的进货查验记录、生产过程控制、出厂检验记录、食品安全自查、不安全食品召回、不合格品管理、食品安全事故处置等保证食品安全的管理制度是否齐全，内容是否符合相关法律法规的规定。

查验试制品的检验报告，是否按照申报产品所执行的食品安全标准和产品标准规定的检验项目检验并判定合格。

需要强调指出的是，现场核查是"动态"核查，即生产线处于运转状态。现场核查时生产设备设施不能正常运行的，将被视为"核查无法正常开展"。

3. 及时整改

根据国家主管部门发布的《食品生产许可审查通则》规定，现场核查采用百分制记分法判定结果：核查项目单项得分无零分且总分为85分以上的，判定为"通过现场核查"；核查项目单项得分有零分，或者总分小于85分的，判定为"未通过现场核查"。许可机关根据申请材料审查和现场核查结果，对符合条件的申请人做出准予生产许可的决定，颁发食品生产许可证。申请人应当在1个月内对现场核查中发现的问题（扣分项）进行认真整改，并将整改结果书面上报日常监督管理机构。

参考文献

1. 邱庞同．中国面点史．青岛：青岛出版社，2010
2. 叶敏．米面制品加工技术．北京：化学工业出版社，2006
3. 陆启玉．挂面生产工艺与设备．北京：化学工业出版社，2007
4. 张勋，王爽秋．烩面的革命——从餐馆到工厂．郑州：河南大学出版社，2018